A TRANSCENDÊNCIA DO RECURSO DE REVISTA

BRUNO PROVENÇANO DO OUTEIRO SOUZA

A TRANSCENDÊNCIA DO RECURSO DE REVISTA

BRUNO PROVENÇANO DO OUTEIRO SOUZA

Copyright © 2023 by Editora Letramento
Copyright © 2023 by Bruno Provençano do Outeiro Souza

Diretor Editorial Gustavo Abreu
Diretor Administrativo Júnior Gaudereto
Diretor Financeiro Cláudio Macedo
Logística Daniel Abreu e Vinícius Santiago
Comunicação e Marketing Carol Pires
Assistente Editorial Matteos Moreno e Maria Eduarda Paixão
Designer Editorial Gustavo Zeferino e Luís Otávio Ferreira

Conselho Editorial Jurídico

Alessandra Mara de Freitas Silva	Edson Nakata Jr	Luiz F. do Vale de Almeida Guilherme
Alexandre Morais da Rosa	Georges Abboud	Marcelo Hugo da Rocha
Bruno Miragem	Henderson Fürst	Nuno Miguel B. de Sá Viana Rebelo
Carlos María Cárcova	Henrique Garbellini Carnio	Onofre Alves Batista Júnior
Cássio Augusto de Barros Brant	Henrique Júdice Magalhães	Renata de Lima Rodrigues
Cristian Kiefer da Silva	Leonardo Isaac Yarochewsky	Salah H. Khaled Jr
Cristiane Dupret	Lucas Moraes Martins	Willis Santiago Guerra Filho

Todos os direitos reservados. Não é permitida a reprodução desta obra sem aprovação do Grupo Editorial Letramento.

Dados Internacionais de Catalogação na Publicação (CIP)
Bibliotecária Juliana da Silva Mauro - CRB6/3684

S729t   Souza, Bruno Provençano do Outeiro
         A transcendência do recurso de revista / Bruno Provençano do
         Outeiro Souza. - Belo Horizonte : Casa do Direito, 2023.
         140 p. ; 14cm x 21 cm.

         Inclui bibliografia.
         ISBN 978-65-5932-294-7

         1. Transcendência. 2. Acesso aos Tribunais Superiores. 3. Formação
         de precedentes. 4. Uniformização de jurisprudência. I. Título.

         CDU: 340.143
         CDD: 348.05

Índices para catálogo sistemático:
1. Jurisprudência 340.143
2. Decisões de tribunais superiores 348.05

LETRAMENTO EDITORA E LIVRARIA
Caixa Postal 3242 – CEP 30.130-972
r. José Maria Rosemburg, n. 75, b. Ouro Preto
CEP 31.340-080 – Belo Horizonte / MG
Telefone 31 3327-5771

É O SELO JURÍDICO DO
GRUPO EDITORIAL LETRAMENTO

DEDICATÓRIA

À minha família, especialmente, à Luiza, minha amada esposa, e às minhas filhas, Maria e Isabel, meus tesouros e sustento de tudo o que faço.

AGRADECIMENTOS

Agradeço a Deus, que me criou e me sustenta dia após dia; me levanta e me faz crer que o amanhã será melhor e que o futuro pertence à Sua divina providência.

Agradeço aos meus pais que me deram e a vida e me transmitiram os valores mais caros ao meu crescimento e à minha maturidade.

Agradeço à minha família, principalmente à Luiza, pelo incondicional apoio de todas as horas, e a quem dedico, além deste trabalho, todos os meus esforços para que sejamos cada dia mais felizes.

Agradeço ainda de maneira especial ao meu querido amigo Beto (José Roberto Mello Porto), por me alçar neste voo antes impensável. Ao meu compadre Raphael Barilli, pelos valorosos conselhos durante este período. Ao meu amigo e irmão de todo o sempre, Rafael Freire, pelo amor e suporte não somente nas horas em que pensei em desistir, mas pelo que sempre fez por mim, desde que o conheci. Ao querido Matheus Ferraz, pela impecável revisão e pelas valiosas considerações.

Ao meu querido orientador Bruno Freire, pela sua fraternal amizade e pela imensa colaboração no sucesso deste trabalho. E por todos aqueles que direta ou indiretamente colaboraram para que este trabalho fosse concluído.

SUMÁRIO

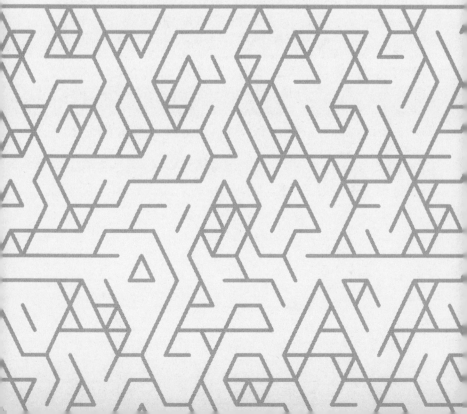

11		**APRESENTAÇÃO**
14		**PREFÁCIO**
16		**INTRODUÇÃO**
18	**1.**	**NOÇÕES GERAIS ACERCA DOS RECURSOS TRABALHISTAS**
18	1.1.	CONCEITO DE RECURSO
20	1.2.	CLASSIFICAÇÃO DOS RECURSOS
22	1.2.1.	RECURSOS ORDINÁRIOS (NORMAIS) E EXTRAORDINÁRIOS (EXCEPCIONAIS) EM SENTIDO ESTRITO
28	1.3.	RECURSO DE REVISTA
34	**2.**	**AS CORTES DE CÚPULA NO BRASIL E NO MUNDO: DAS ORIGENS AO PAPEL DESEMPENHADO ATUALMENTE**
34	2.1.	MODELOS HISTÓRICOS DE CORTES NO COMMON LAW E NO CIVIL LAW
34	2.1.1.	CORTES DE CASSAÇÃO
36	2.1.2.	CORTES DE APELAÇÃO
38	2.1.3.	CORTES DE REVISÃO
40	2.2.	MODELOS E FUNÇÕES ATUAIS DAS CORTES DE CÚPULA: CORTES SUPERIORES E CORTES SUPREMAS
51	2.3.	O PAPEL CONTEMPORÂNEO DO TST COMO ÓRGÃO DE CÚPULA DO JUDICIÁRIO TRABALHISTA E SUA RACIONALIZAÇÃO
63	**3.**	**OS FILTROS DE ACESSO OU DE SELEÇÃO DE RECURSOS COMO MEIO DE RACIONALIZAÇÃO DAS CORTES SUPERIORES**
63	3.1.	O PORQUÊ DOS FILTROS
66	3.2.	FILTROS MAIS IMPORTANTES DO DIREITO ESTRANGEIRO
66	3.2.1.	O WRIT OF CERTIORARI ESTADUNIDENSE
68	3.2.2.	O *INTERÉS CASACIONAL* ESPANHOL

71	3.2.3.	A TRANSCENDÊNCIA ARGENTINA
72	3.3.	FILTROS DE SELEÇÃO DE RECURSOS EXISTENTES NO BRASIL
72	3.3.1.	A EXTINTA ARGUIÇÃO DE RELEVÂNCIA
77	3.3.2.	A RELEVÂNCIA DA QUESTÃO FEDERAL NO RECURSO ESPECIAL
84	3.3.3.	A REPERCUSSÃO GERAL
93	**4.**	**TRANSCENDÊNCIA DO RECURSO DE REVISTA**
93	4.1.	ORIGEM E HISTÓRIA DO INSTITUTO
100	4.2.	ANÁLISE DOS PRINCIPAIS ASPECTOS POLÊMICOS A RESPEITO DA TRANSCENDÊNCIA
100	4.2.1.	DA NATUREZA JURÍDICA
102	4.2.2.	DA FALTA DE OBJETIVIDADE DOS INDICADORES DA TRANSCENDÊNCIA/ DO AMPLO ESPAÇO DE SUBJETIVISMO DOS INDICADORES DA TRANSCENDÊNCIA /E AS ALTERNATIVAS PARA O PROBLEMA.
104	4.2.2.1.	ECONÔMICA
106	4.2.2.2.	POLÍTICA
108	4.2.2.3.	SOCIAL
110	4.2.2.4.	JURÍDICA
111	4.2.2.5.	A EXPRESSÃO *"ENTRE OUTROS"* PREVISTA NO §1º, DO ART. 891-A
113	4.2.3.	DA INCONSTITUCIONALIDADE DO ART. 896-A, §5º. IRRECORRIBILIDADE DA DECISÃO QUE NÃO RECONHECE A TRANSCENDÊNCIA EM SEDE DE AIRR. MEIOS DE IMPUGNAÇÃO PRETÉRITOS E FUTUROS. COMPATIBILIDADE ENTRE O PROCESSO CIVIL E O PROCESSO DO TRABALHO APÓS A LEI 13.467/2017.
123	4.2.4.	PREJUÍZO À UNIFORMIZAÇÃO DA JURISPRUDÊNCIA TRABALHISTA
128	**5.**	**CONCLUSÃO**
131		**REFERÊNCIAS**

APRESENTAÇÃO

A Medida Provisória 2.226 de 4 de novembro de 2001 inseriu no art. 896-A na CLT o requisito da transcendência para admissibilidade do recurso de revista no sistema recursal trabalhista, com previsão de o Tribunal Superior do Trabalho regulamentar o instituto no seu regulamento interno.

Após 16 anos a referida regulamentação ocorreu por meio da Lei 13.467 de 11 de novembro de 2017, intitulada Reforma Trabalhista, que delimitou o filtro recursal no que tange aos reflexos gerais de natureza econômica, política, social ou jurídica. Tais "indicadores", terminologia utilizada pelo legislador, demonstram que a referida lista não é exaustiva e merece uma interpretação que possa ensejar maior segurança jurídica aos jurisdicionados.

É nesse contexto que se encontra a obra do jovem advogado Bruno Provençano do Outeiro Souza, nosso aluno e orientando no programa de Mestrado da UERJ - Universidade do Estado do Rio de Janeiro, em que defendeu e teve aprovada com louvor a dissertação "A Transcendência do Recurso de Revista e seus Aspectos mais Polêmicos", que originou o presente livro que temos a honra de apresentar.

O trabalho que foi defendido e aprovado perante banca formada por mim e os Professores Eduardo Henrique Raymundo Von Adamovich e Osmar Mendes Paixão Côrtes, que respectivamente também atuam como Desembargador no Tribunal Regional do Trabalho do Rio de Janeiro e advogado nos Tribunais Superiores. A obra é indispensável para aqueles que pretendem se aprofundar no tema.

O livro, como o título revela, aborda os aspectos polêmicos da transcendência, a partir de sua origem e desenvolvimento no direito comparado, por meio de quatro capítulos. Examina os modelos históricos de Cortes de cassação, apelação e revisão no Common Law e Civil Law. Diagnostica a razão e necessidade dos filtros recursais, com uma abordagem sobre o *writ of certiorari* estadunidense, o *interés casacional* espanhol e a transcendência argentina.

Além do desenvolvimento da origem histórica e da natureza jurídica do instituto sob o prisma do Direito Comparado, o autor também enfrenta com maestria o problema da falta de objetividade dos indicadores da transcendência, a inconstitucionalidade do parágrafo 5º do art. 896-A e o prejuízo à uniformização da jurisprudência trabalhista, diante da forma como foi regulamentada a matéria. E, ainda, propõe alternativas para a solução do problema da subjetividade na aferição da existência do requisito que viabiliza às partes acessarem a Corte Superior Trabalhista.

Num cenário de obras genéricas e uma clara insuficiente produção acadêmica com maior profundidade na seara do Direito Laboral, a contribuição científica do autor para o melhor entendimento da matéria e manuseio correto do recurso de revista é indubitável.

Bruno Provençano integra uma nova geração de estudiosos do Direito Processual do Trabalho no Rio de Janeiro que honram a escola criada e desenvolvida pelo Professor Barbosa Moreira e a tradição da Universidade do Estado do Rio de Janeiro na seara do direito processual. Assim, resta-nos parabenizá-lo pela relevante publicação, agradecer a oportunidade de apresentá-la e referendar veementemente a leitura por todos aqueles, profissionais e estudantes, que pretendem ter acesso a uma doutrina segura sobre o novel requisito da transcendência.

BRUNO FREIRE E SILVA
Advogado em São Paulo, Rio de Janeiro, Bahia e Brasília

Professor Adjunto de Direito Processual do Trabalho da UERJ - Universidade do Estado do Rio de Janeiro

Membro da cadeira n. 68 da Academia Brasileira de Direito do Trabalho

PREFÁCIO

A reforma da legislação trabalhista promovida pela Lei nº 13.467/2017 apresentou inovações substantivas ao processo do trabalho, com o intuito de racionalizar a solução de controvérsias, tornando-a mais célere e eficiente. O instituto da "transcendência" se insere nesse contexto.

A regulamentação legal da transcendência, contudo, veio acompanhada de inúmeras polêmicas tanto na doutrina quanto na jurisprudência trabalhista, relacionadas à segurança jurídica, subjetivismo na aplicação dos critérios, irrecorribilidade, inafastabilidade da jurisdição, entre outras.

A obra produzida pelo advogado Bruno Provençano do Outeiro Souza enfrenta o tema com profundidade e amplitude. Concilia a visão do advogado à do jurista, analisa e responde a essas questões, entre outras relevantíssimas surgidas pela inovação que este mecanismo de filtragem promoveu na sistemática recursal extraordinária trabalhista.

Antes de tratar da aplicação dos indicadores de transcendência, o Autor apresenta meditado estudo sobre os modelos históricos de Cortes no Common Law e no Civil Law, os filtros mais importantes do direito estrangeiro e nacional, origem e história do instituto, detendo-se sobre a natureza jurídica, a falta de objetividade e os prejuízos à uniformização da jurisprudência. As conclusões que dão o fecho ao livro revelam a exaustão do estudo e a importância da sua leitura para todos que lidam e vivenciam o direito e o processo do trabalho.

MARIA CRISTINA IRIGOYEN PEDUZZI
Ministra e Ex-Presidente do Tribunal Superior do Trabalho

INTRODUÇÃO

A Constituição de 1988 consagrou a inafastabilidade do controle jurisdicional no seu art. 5°, XXV. Não se excluirá do Poder Judiciário o exame de lesão ou ameaça de lesão a direito. Na teoria, nenhuma ressalva se faz a esse dispositivo.

Já na prática, tem-se procurado definir os contornos de tal princípio para desagravar o Poder Judiciário, sobretudo no âmbito dos Tribunais Superiores. As partes teriam direito ao duplo grau de jurisdição, isto é, ao julgamento pelo juízo monocrático e, em sequência, pelo colegiado de 2° grau.

Para que o processo seja submetido a julgamento pelas instâncias de sobreposição, porém, é imprescindível a demonstração de que a controvérsia jurídica veiculada nos autos transcende o interesse subjetivo das partes. Cumpre que o recorrente, no ato da interposição, demonstre a relevância da questão discutida no processo de origem.

No caso da Justiça do Trabalho, estabeleceu-se uma cultura de recorrer-se até a última instância. O cabimento efetivo é desconsiderado, pois o intuito consiste em postergar o trânsito em julgado da decisão.

Além disso, tribunais regionais e juízes de 1° grau não acatam as decisões do TST, o que acarreta enorme insegurança jurídica. Para resolver esse problema, foi concebida a ideia dos filtros, justamente com o propósito de limitar o acesso à Corte Superior Trabalhista.

O instituto da transcendência surge, no ordenamento jurídico brasileiro, por ocasião da Medida Provisória 2.226/2001. Entretanto, ela limitou-se a inserir o art. 896-A da Consolidação das Leis do Trabalho, sem especificar o que seria ao certo esse aspecto do recurso de revista.

Depois de 16 anos, a Lei n. 13.467/2017 regulamentou a transcendência e, ao acrescentar os parágrafos 1º a 6º ao art. 896-A, ofereceu critérios para aferi-la no caso concreto. O §1º, no entanto, denuncia que outros indicadores podem determinar se o RR é ou não transcendente.

De toda sorte, a implementação desse filtro revela o propósito de aperfeiçoar o caráter de órgão uniformizador da jurisprudência trabalhista, ínsito ao TST. Requer-se um papel de filtro que sai de *cada cabeça é uma sentença* para *onde está a mesma razão, assiste o mesmo direito*. A exemplo do que vem ocorrendo no tocante à repercussão geral do recurso extraordinário, objetiva-se a fixação de teses de observância mandatória pelas instâncias inferiores.

Isso não quer dizer que a transcendência passe imune a críticas. Há quem enxergue nela uma limitação a direito fundamental ou até uma forma de perpetuar injustiças. De toda sorte, o rumo do ordenamento parece apontar no sentido contrário, privilegiando o papel uniformizador dos tribunais de sobreposição, como forma de privilegiar a isonomia e a segurança jurídica.

Nesta dissertação, apresentaremos os aspectos doutrinários mais candentes a respeito da transcendência, sobretudo no que tange à sua verificação no caso concreto. Ainda, discutir-se-á a sua posição com respeito aos outros pressupostos recursais.

1. NOÇÕES GERAIS ACERCA DOS RECURSOS TRABALHISTAS

1.1. CONCEITO DE RECURSO

Recurso, em sua forma mais primitiva, é o meio pelo qual se impugna uma decisão. É através do recurso que aquele que se sente prejudicado diante de uma decisão que entende injusta, busca levar seu pleito ao crivo de outro órgão, em regra superior, que reveja a justiça dessa decisão.

Bem sabemos que o inconformismo com o que é desfavorável é um sentimento inerente ao ser humano. Por isso, com o recurso, "Visa-se atender a satisfação inata no gênero humano"[1].

Segundo Barbosa Moreira, o recurso é "o remédio voluntário e idôneo a ensejar, dentro do mesmo processo, a reforma, a invalidação, o esclarecimento ou a integração de decisão judicial que se impugna"[2].

---

[1] JORGE, Flavio Cheim. "Teoria geral dos recursos cíveis", 8ª ed., São Paulo: Editora Revista dos Tribunais, 2017, p. 37.

[2] MOREIRA, José Carlos Barbosa. *Comentários ao Código de Processo Civil*, volume V, 17. ed., rev. e atual. Rio de Janeiro, Forense, 2013., p. 207.

Nessa linha de raciocínio, ensina Osmar Paixão Côrtes[3], "poder-se-ia entender o recurso como qualquer forma de a parte, insatisfeita com a prestação jurisdicional, buscar, pelo não reconhecimento ou lesão do direito subjetivo, a almejada tutela jurisdicional".

O recurso, tecnicamente, pode ser definido como "meio de impugnação de decisões judiciais, voluntários, interno ao processo em que se forma o ato judicial atacado, apto a obter a sua reforma, anulação ou o seu aprimoramento"[4].

Além disso, os recursos foram criados para que possíveis equívocos possam ser corrigidos, já que o magistrado, como qualquer outro ser humano, está sujeito a errar.

É possível dizer também que o recurso visa a atender dois aspectos distintos. O primeiro aspecto, subjetivo, procura satisfazer o lado psicológico da parte, que, diante do seu inconformismo com a decisão que lhe foi desfavorável, pode buscar a sua correção.

De outro lado, temos o aspecto objetivo do recurso, cuja finalidade é manter a higidez e a integridade do ordenamento jurídico, ou melhor, proteger o direito objetivo de possíveis erros de procedimento e/ou de julgamento existentes na decisão judicial, garantindo assim o acesso a uma ordem jurídica justa e adequada.

Não à toa os sistemas processuais existentes em todo o mundo adotam o formato de julgamento colegiado nas instâncias recursais, compostas, quase sempre, por juízes mais experientes que os juízes das instâncias de base, o que confere maior credibilidade e um grau de confiabilidade mais alto na justiça das decisões dessas cortes.

---

[3] CÔRTES, Osmar Mendes Paixão. *Recursos para os tribunais superiores*: recurso extraordinário, recurso especial, embargos de divergência e agravo, 4ª ed., Brasília: Gazeta Jurídica, 2017, p. 4.

[4] MARINONI, Luiz Guilherme; ARENHART, Sérgio Cruz; MITIDIERO, Daniel. *O novo processo civil*. São Paulo: Revista dos Tribunais, 2015. p. 500.

Outra faceta do recurso, que foge à regra, é a possibilidade de que, por meio dele, se possa almejar o aprimoramento da decisão, como no caso dos embargos declaratórios. Nesse caso, via de exceção, o recurso é dirigido ao mesmo julgador que proferiu a decisão impugnada.

1.2. CLASSIFICAÇÃO DOS RECURSOS

Os recursos ou meios impugnativos, numa primeira classificação, podem ser divididos em ordinários e extraordinários. Os primeiros – e que mais importam neste trabalho – são aqueles utilizados dentro da mesma relação processual em que foi prolatada a decisão, enquanto os segundos, inauguram uma nova relação processual, autônoma daquela.

Os meios ordinários visam elidir a formação da coisa julgada e os extraordinários, por sua vez, se voltam contra decisões já acobertadas pela *res iudicata*[5].

Nas preciosas lições do eminente constitucionalista José Afonso da Silva[6], os recursos extraordinários e ordinários, em

---

[5] SALOMÃO, Rodrigo Cunha Mello. *A relevância da questão de direito como filtro de seleção do recurso especial*. Dissertação (Dissertação em direito) – UERJ. Rio de Janeiro, 2019, p. 12.

[6] Para melhor compreensão, seguem, na íntegra, as palavras do autor, que após apresentar um desenho esquemático dos meios de impugnação, afirma que "o quadro acima revela que tomamos os remédios contra decisões judiciais (recursos em sentido amplo), e os classificamos inicialmente em remédios extraordinários e remédios ordinários, segundo sejam usados fora ou dentro da instância. Os primeiros são institutos que, mesmo fora da relação processual, visam a impugnar decisões judiciais. Os segundos são, na realidade, os verdadeiros recursos; recursos em sentido técnico, ou em sentido estrito (...). Esses remédios [recursos extraordinários ou em sentido amplo] têm, entre si, a semelhança de possuírem a natureza híbrida de ação e de meio de impugnação de sentenças. Por isso mesmo, não são interpostos no próprio processo no qual foi prolatada a decisão impugnada. Forma-se uma outra relação processual, completamente independente daquela mediante a qual foi suscitada a decisão cujos efeitos a parte prejudicada pretende elidir." (SILVA, José Afonso da. *Recurso extraordinário no direito processual brasileiro*, Editora Revista dos Tribunais, São Paulo: 1963, p. 77.

sentido amplo, são remédios contra as decisões judiciais e se diferenciam por serem utilizados dentro ou fora da instância. E completa o autor, dizendo, "Os primeiros são institutos que, mesmo fora da relação processual, visam a impugnar decisões judiciais. Os segundos são, na realidade, os verdadeiros recursos; recursos em sentido técnico, ou em sentido estrito (...)".

No Brasil, vale dizer, adotamos a nomenclatura "recurso" apenas para os meios de impugnação utilizados no âmbito da relação processual cuja decisão ainda não foi alcançada pela coisa julgada, ou seja, para os recursos ordinários. Já os extraordinários, segundo a classificação antes dita, chamamos ações autônomas de impugnação, a exemplo da Ação Rescisória.

Feitos esses mínimos apontamentos, atemo-nos ao que mais importa neste trabalho, que são os recursos ordinários, ou seja, aqueles interpostos dentro da mesma relação processual onde serão manejados e que, como já dito, têm o escopo de impedir o trânsito em julgado da decisão impugnada.

Variadas são as denominações atribuídas às subclassificações dos recursos ordinários. Uns preferem a divisão em recursos normais e especiais[7], outros preferem chamá-los de meios de impugnação de fundamentação livre e de fundamentação vinculada. Há ainda os que preferem nominá-los por ordinários (sentido estrito) e excepcionais. Não há uma melhor, porquanto valer-nos-emos de todas elas, mas para isso é importante definir o que as diferencia.

---

[7] Ainda de acordo com José Afonso da Silva, "aqueles remédios que se usam na mesma relação processual, recursos em sentido estrito, ordinários, foram agrupados em duas classes, a dos ordinários via comum e ordinários via excepcional, distinguindo os ordinários via comum em não-penais, penais e mistos; subclassificamos todos em normais e especiais, adotando, nesse passo, lição de Frederico Marques. Normais são aqueles, para cujo cabimento é suficiente o pressuposto da sucumbência; especiais, aqueles que pressupõem a sucumbência e um plus que a lei processual determina e específica". Op. Cit., p.78.

1.2.1. RECURSOS ORDINÁRIOS (NORMAIS) E EXTRAORDINÁRIOS (EXCEPCIONAIS) EM SENTIDO ESTRITO

Os recursos normais, ou ordinários em sentido estrito, são aqueles cujo pressuposto básico é a sucumbência, ou seja, têm por finalidade principal atender os interesses subjetivos das partes. Seu objetivo é garantir a justiça da decisão, evitando o risco de decisões equivocadas.

Além da simplicidade no seu manejo e da liberdade de fundamentação, outra característica marcante desses recursos é a possibilidade de se rediscutir toda a matéria deduzida na relação jurídica processual, pois eles gozam de ampla devolutividade.

Esses recursos são o meio para propor, perante um novo juiz, a mesma ação que já havia sido ajuizada em primeiro grau, ensina Piero Calamandrei[8], conferindo às partes um novo julgamento das matérias tratadas em primeira instância.

Eles têm ainda, como pano de fundo, satisfazer a consagração do princípio do duplo grau de jurisdição, que, apesar de não previsto em nosso ordenamento jurídico, tem profundo embasamento teórico e é amplamente reconhecido no meio jurídico. É por meio de sua concepção que se garante à parte uma segunda apreciação dos fatos e dos direitos deduzidos na relação processual.

Os recursos desse tipo são, de acordo com distribuição judiciária brasileira, julgados pelos tribunais regionais, na esfera federal e pelos tribunais estaduais, na esfera comum.

---

[8] "(...) una vez reconocido el derecho del reclamante a obtener una nueva decisión, objeto de esta nueva decisión es, también en la nueva instancia, la misma relación jurídica controvertida que ha sido juzgada una primera vez por el juez a quo: de donde resulta que el ejercicio del derecho de gravamen es solamente el medio para proponer ante el nuevo juez la misma acción que ha sido hecha valer en el primer grado". CALAMANDREI, Piero. *La casación civil*, vol. 2, Editorial bibliográfica argentina, Buenos Aires, 1945, p. 205.

Na esfera processual trabalhista, o recurso mais característico dessa classificação recebe, por coincidência, o mesmo nome, Recurso Ordinário, e tem previsão no art. 895 da CLT[9]. Ele é cabível contra sentenças proferidas pelas Varas do Trabalho e são julgados, geralmente, pelos Tribunais Regionais do Trabalho. Excepcionalmente, podem ser ainda utilizados para impugnar os acórdãos emanados dos Tribunais Regionais Trabalhistas, nas ações de sua competência originária, como no caso das ações rescisórias e dos mandados de segurança.

Há também, no sistema recursal trabalhista, os agravos. São recursos com funções bem peculiares e distintas das que possuem no processo civil, haja vista a regra da irrecorribilidade imediata das decisões interlocutórias que vigora no processo trabalhista.

O Agravo de Instrumento se destina a destrancar os recursos cujo encaminhamento à instância superior foi negado por ausência dos pressupostos de admissibilidade. O Agravo de Petição, recurso próprio do processo do trabalho, é manejado contra as decisões prolatadas na fase de execução.

Os recursos extraordinários são, por outro lado, recursos que desafiam a presença de pressupostos bem mais específicos para o seu julgamento. São recursos dirigidos às cortes superiores de justiça, cujo aviamento percorre vias bastante estreitas, e por isso são chamados, também, de recursos excepcionais.

Antes de adentrar mais a fundo na análise dos recursos excepcionais, e, a fim de facilitar a compreensão do leitor, mostra-se importante traçar os principais aspectos dos recursos segundo a doutrina clássica.

---

9 Art. 895 – Cabe recurso ordinário para a instância superior:

I – das decisões definitivas ou terminativas das Varas e Juízos, no prazo de 8 (oito) dias; e

II – das decisões definitivas ou terminativas dos Tribunais Regionais, em processos de sua competência originária, no prazo de 8 (oito) dias, quer nos dissídios individuais, quer nos dissídios coletivos.

Quanto à finalidade preponderante, o recurso visa a atender o interesse subjetivo das partes ou o interesse objetivo de desenvolvimento do direito. Quanto ao escopo de julgamento, podemos dizer que o recurso busca reformar ou anular a decisão (no caso de anulação o processo retorna à instância inferior para novo julgamento). Ou, então, o tribunal, sob certas condições, procede ao julgamento do mérito. É o que a doutrina denomina "teoria da causa madura".

Prevista no art. 1013, §3°, I a IV, do CPC[10], ela depende dos seguintes requisitos: a citação dos réus e o exaurimento da instrução probatória. A regra homenageia os princípios da primazia da decisão de mérito (art. 4° do CPC) e da razoável duração do processo (art. 5°, LXXVIII da CF/1988; art. 4° do CPC)[11].

Dois temas ensejam vivas controvérsias na doutrina: a (des) necessidade de pedido expresso para aplicação da teoria e a sua extensão a outros recursos além da apelação.

A primeira discussão assenta na seguinte dúvida: a regra sob comento é de ordem pública ou está sujeita ao requerimento do apelante (consequência do efeito devolutivo)? Daniel Neves[12] defende que o comando analisado não protege

---

10 Art. 1.013. A apelação devolverá ao tribunal o conhecimento da matéria impugnada.
(...)
§ 3° Se o processo estiver em condições de imediato julgamento, o tribunal deve decidir desde logo o mérito quando:
I – reformar sentença fundada no art. 485;
II – decretar a nulidade da sentença por não ser ela congruente com os limites do pedido ou da causa de pedir;
III – constatar a omissão no exame de um dos pedidos, hipótese em que poderá julgá-lo;
IV – decretar a nulidade de sentença por falta de fundamentação.

11 DIDIER JR, Fredie; CUNHA, Leonardo Carneiro da. *Curso de direito processual civil*, v.3, 13. ed. reform. — Salvador: Ed. JusPodivm, 2016, p.194.

12 NEVES, Daniel Amorim Assumpção. *Novo Código de Processo Civil Comentado*. Salvador: Ed. JusPodivm, 2016, p.1679.

o interesse do recorrente, e sim incentiva a otimização do julgamento dos processos, em favor da celeridade e da economia processual. Didier Jr. e Cunha[13], em sentido contrário, argumentam pelo caráter indispensável do requerimento do recorrente visto como a amplitude do efeito devolutivo se atrela às matérias invocadas pela parte interessada.

O Superior Tribunal de Justiça tem adotado posicionamento de que essa teoria está inclusa na profundidade do efeito devolutivo do recurso, o que autoriza a sua adoção de ofício[14]. Com efeito:

> AGRAVO REGIMENTAL NO AGRAVO DE INSTRUMENTO. ALEGADA VIOLAÇÃO DO ARTIGO 515, § 3º, DO CPC NÃO CONFIGURADA. CAUSA MADURA. AFERIÇÃO DE CONDIÇÃO DE JULGAMENTO E REJEIÇÃO DE PRODUÇÃO DE PROVAS IMPERTINENTES PELO TRIBUNAL LOCAL. REEXAME DE FATOS E PROVAS. VEDAÇÃO. ALEGADA OFENSA A DISPOSITIVOS CONSTITUCIONAIS. COMPETÊNCIA DO STF. APLICAÇÃO DO CDC. AUSÊNCIA DE PREQUESTIONAMENTO. INVERSÃO DO ÔNUS DA PROVA. FUNDAMENTO DO ACÓRDÃO RECORRIDO NÃO IMPUGNADO. AUSÊNCIA DE INTERESSE RECURSAL. AGRAVO IMPROVIDO.
> (...)
> 2. Também não há reformatio in pejus, pois "o julgamento de meritis que o tribunal fizer nessa oportunidade será o mesmo que faria se houvesse mandado o processo de volta ao primeiro grau, lá ele recebesse sentença, o autor apelasse contra esta e ele, tribunal, afinal voltasse a julgar o mérito. A novidade representada pelo § 3º do art. 515 (art. 1013, §3º, do CPC/2015 - adicionamos) do Código de Processo Civil nada mais é do que um atalho, legitimado pela aptidão a acelerar os resultados do processo e desejável sempre que isso for feito sem prejuízo a qualquer das partes; ela constituiu mais um lance da luta do legislador contra os males do tempo e representa a ruptura com um velho dogma, o do duplo grau de jurisdição, que por sua vez só se legitima quando for capaz de trazer benefícios, não demoras desnecessárias. Por outro lado, se agora as regras são essas e são conhecidas de todo operador do

---

13 DIDIER JR, Fredie; CUNHA, Leonardo Carneiro da. *Curso de direito processual civil*, v.3, 13. ed. reform. — Salvador: Ed. JusPodivm, 2016, p.194-195.

14 NEVES, Daniel Amorim Assumpção. *Novo Código de Processo Civil Comentado*. Salvador: Ed. JusPodivm, 2016

direito, o autor que apelar contra a sentença terminativa fá-lo-á com a consciência do risco que corre; não há infração à garantia constitucional do due process porque as regras do jogo são claras e isso é fator de segurança das partes, capaz de evitar surpresas" (DINAMARCO, Cândido Rangel. Nova Era do Processo Civil. 2. ed. São Paulo: Malheiros, 2007, pp. 177/181).
(...)
4. **O julgamento do mérito da causa pelo Tribunal de segundo grau nos termos do artigo 515, § 3º (atual art. 1013, §3º), da Lei de Ritos, não se limita às questões exclusivamente de direito, mas alcança, outrossim, aquelas cuja instrução probatória esteja completa ou seja desnecessária, de acordo com a convicção do julgador.** É o que se convencionou chamar de "causa madura", ou seja, pronta para julgamento, à semelhança do que ocorre com o julgamento antecipado da lide. Assim, diante da conclusão do Tribunal a quo de que a causa possuía condições de julgamento e que eventual pedido de produção de prova testemunhal era impertinente, não é possível a este Superior rever tais conclusões, sob pena de reapreciação do contexto fático-probatório, delineado pelas instâncias de origem, o que é vedado em sede de recurso especial.
5. Agravo improvido.
(AgRg no Ag 867.885/MG, Rel. Ministro HÉLIO QUAGLIA BARBOSA, QUARTA TURMA, julgado em 25/09/2007, DJ 22/10/2007, p. 297) (grifos e adições nossas)

Ou seja, para a Quarta Turma do STJ, a aplicação da teoria da causa madura depende da opinião da turma/câmara que examina o recurso. O pedido da parte é desnecessário. Prevalece o ponto de vista de que se trata de norma de ordem pública, voltada à redução do acervo processual.

A extensão dessa teoria a outros recursos (segundo tema) surge a partir de um raciocínio simples: o art. 1013, §3º, do CPC objetiva a economia processual e a duração razoável do processo. Ora, eventual agravo de instrumento que chegue ao tribunal, se não demandar produção de prova ulterior, estará em condições de julgamento de mérito. Logo, seria desejável estender a ele essa possibilidade. Efetivamente, o STJ, pela sua Corte Especial, chegou a idêntica conclusão (v. REsp 1.215.368 / ES, Rel. Min. Herman Benjamin).

Gervásio Lopes Jr.[15], em obra sobre o tema, vai além e advoga a aplicação da mencionada teoria a todas as espécies recursais, exceto os embargos de declaração (por razões óbvias). Contudo, o Recurso Especial, para a Corte da Cidadania, não se compatibiliza com essa técnica, devido à exigência do prequestionamento (v. REsp 1.569.401/CE, 2ª Turma, Rel. Min. Humberto Martins). O recurso ordinário, por remissão expressa, adota a teoria da causa madura (art. 1027, §2°, do CPC).

Por fim, quanto ao objeto, o recurso pode ter o condão de reavaliar a matéria de fato ou apenas apreciar as questões jurídicas debatidas no recurso[16].

Ademais, o objetivo dos recursos dirigidos às cortes superiores está intimamente ligado ao papel que é por estas exercido. Inclusive, dedicaremos mais a frente um capítulo inteiro a falar sobre esse papel.

Recursos de natureza excepcional não constituem meio para correção de justiça, em primeiro plano. Sua principal finalidade, a partir da divisão disposta acima, é atender o interesse público de desenvolvimento do direito objetivo e de manutenção da integridade do ordenamento jurídico. O interesse subjetivo das partes, nesse caso, é posto em segundo plano. A questão jurídica em discussão deve transcendê-lo.

A exigência de rígidos pressupostos para o seu processamento e a necessidade de fundamentação vinculada, são marcas indeléveis da sua natureza extraordinária.

Diferente dos ordinários, os recursos desse tipo possuem devolutividade limitada e sua admissibilidade está sujeita, como já dito, a requisitos bem rígidos e específicos. O objeto recursal aqui se limita à apreciação das questões de direito, não permitindo o revolvimento de fatos e provas. A jurisprudência

---

[15] LOPES Jr., Gervásio. *Julgamento direto do mérito na instância recursal*. Salvador: Editora JusPodivm, 2007, p. 164-166.

[16] SALOMÃO, Rodrigo Cunha Mello. *A relevância da questão de direito como filtro de seleção do recurso especial*. Dissertação (Dissertação em direito) – UERJ. Rio de Janeiro, 2019, p. 25.

das cortes superiores é muito clara quanto a isso. No âmbito no processo civil, o Superior Tribunal de Justiça e o Supremo Tribunal Federal consagram essa diretriz em suas súmulas de jurisprudência, respectivamente nos Enunciados 7[17] e 279[18], e o Tribunal Superior do Trabalho, no verbete n. 126[19].

No processo do trabalho o recurso excepcional por excelência é o Recurso de Revista, sobre o qual, por constituir o foco principal deste estudo, falaremos mais detalhadamente a seguir.

1.3. RECURSO DE REVISTA

O recurso de revista, como vimos, é o recurso excepcional por excelência no processo do trabalho. É através dele que o Tribunal Superior do Trabalho exerce o seu múnus de suprema corte judiciária na esfera trabalhista.

Como ensina Osiris Rocha[20], "o recurso de revista, por ser de âmbito restrito (tem por finalidade uniformizar a jurisprudência e a interpretação das leis), é um recurso difícil que, em geral, vai pôr à prova a capacidade profissional do advogado".

O Recurso de revista surge originalmente como Recurso Inominado, pela edição do decreto-lei n. 1.237/39. Já em 1940, com a edição do decreto n. 6.596, que o disciplinou, passou a se chamar recurso extraordinário, exigindo-se a partir de então violação literal de lei ou divergência jurisprudencial para o cabimento do recurso. Na primeira redação da CLT foi mantida essa nomenclatura. Em 1946, quando a justiça

---

17 "A pretensão de simples reexame de prova não enseja recurso especial."

18 "Para simples reexame de prova não cabe recurso extraordinário."

19 "Incabível o recurso de revista ou de embargos (arts. 896 e 894, 'b', da CLT) para reexame de fatos e provas."

20 ROCHA, Osiris. Recurso ordinário, embargos declaratórios, recurso de revista, embargos infringentes, agravo de instrumento, recurso extraordinário e recurso ordinário constitucional. In: BARROS, Alice Monteiro de (Org.). *Compêndio de direito processual do trabalho*: obra em memória de Celso Agrícola Barbi. São Paulo: LTr, 1998. p. 487.

do trabalho passou a integrar o poder judiciário, este recurso tomou a denominação atual de recurso de revista, e tinha a função precípua de uniformizar a jurisprudência nacional.[21]

Como um recurso de natureza extraordinária, seu processamento depende do preenchimento dos pressupostos específicos previstos no art. 896 da CLT[22].

Do que se depreende do mencionado dispositivo, o recurso de revista é cabível contra as decisões emanadas dos tribunais regionais do trabalho, em grau de recurso ordinário, nos casos em que:

- houver divergência entre esses tribunais, na interpretação da legislação federal;
- houver divergência na interpretação da lei federal entre os tribunais regionais e a Seção de Dissídios Individuais do TST;
- os acórdãos proferidos contrariarem súmula do TST ou súmula vinculante do STF;
- houver divergência, entre os tribunais regionais, na interpretação de lei estadual, convenção coletiva de tra-

---

21 CAVALCANTE, Jouberto de Quadros Pessoa; JORGE NETO, Francisco Ferreira. A relevância, transcendência ou repercussão geral no sistema jurídico-processual. In: MANNRICH, Nelson (coord.). *Reforma trabalhista:* reflexões e críticas. 2. ed. São Paulo: LTr, 2018.

22 Art. 896 – Cabe Recurso de Revista para Turma do Tribunal Superior do Trabalho das decisões proferidas em grau de recurso ordinário, em dissídio individual, pelos Tribunais Regionais do Trabalho, quando:

a) derem ao mesmo dispositivo de lei federal interpretação diversa da que lhe houver dado outro Tribunal Regional do Trabalho, no seu Pleno ou Turma, ou a Seção de Dissídios Individuais do Tribunal Superior do Trabalho, ou contrariarem súmula de jurisprudência uniforme dessa Corte ou súmula vinculante do Supremo Tribunal Federal;

b) derem ao mesmo dispositivo de lei estadual, Convenção Coletiva de Trabalho, Acordo Coletivo, sentença normativa ou regulamento empresarial de observância obrigatória em área territorial que exceda a jurisdição do Tribunal Regional prolator da decisão recorrida, interpretação divergente, na forma da alínea a;

c) proferidas com violação literal de disposição de lei federal ou afronta direta e literal à Constituição Federal.

balho, acordo coletivo de trabalho, sentença normativa ou regulamento empresarial de abrangência nacional;
- os acórdãos violarem literalmente a lei ou afrontarem diretamente à constituição.

Contudo, nas revistas fundadas em dissenso entre os tribunais, não basta apenas demonstrar a divergência jurisprudencial ou mesmo a violação de dispositivo legal ou constitucional. Outros requisitos específicos presentes tanto na lei quanto na jurisprudência do TST devem ser observados. Lembre-se que estamos diante de um recurso de fundamentação vinculada e admissibilidade restrita.

Nessa esteira, prescreve o art. 896, §7º, da CLT que "A divergência apta a ensejar o recurso de revista deve ser atual, não se considerando como tal a ultrapassada por súmula do Tribunal Superior do Trabalho ou do Supremo Tribunal Federal, ou superada por iterativa e notória jurisprudência do Tribunal Superior do Trabalho."

Portanto, não é suficiente a demonstração de mera divergência jurisprudencial entre os tribunais regionais, é preciso que esse dissenso seja atual e não superado por jurisprudência iterativa e notória do TST.[23]-[24]

---

[23] Sobre o ponto: "A definição de divergência atual é feita por exclusão, no sentido de que não se considera como tal a ultrapassada por súmula do TST ou STF, ou superada por iterativa e notória jurisprudência do Tribunal Superior do Trabalho (CLT, art. 896, §7º). Portanto, se a decisão contraria súmula do TST ou do STF, ela não é atual. No que tange à decisão superada por entendimento iterativo (reiterado, repetitivo) e notório (conhecido por todos), objetivamente, existirá quando ele estiver consubstanciado em orientação jurisprudencial do TST. Noutras palavras, havendo OJ, a divergência não é atual. (...) Ademais, embora não seja pacífico, tem-se entendido que também será iterativo e notório o entendimento não divergente entre as turmas do TST e entre essas e a SBDI". MIESSA, Élisson. *Manual dos recursos trabalhistas* – teoria e prática. 2. ed. rev., atual. e ampl. Salvador: Juspodivm, 2017. p. 340.

[24] Nesse sentido o enunciado n. 333 da súmula de jurisprudência do TST: "Não ensejam recurso de revista decisões superadas por iterativa, notória e atual jurisprudência do Tribunal Superior do Trabalho".

Ademais, para a comprovação da divergência, é necessário que haja identidade entre as razões de decidir apontadas nos acórdãos escolhidos para representação do dissenso, ou seja, que estejam presentes, de maneira clara, as mesmas especificidades no enredo fático-jurídico dos casos.[25]

Há que se atentar ainda para o fato de que, nos termos do §8, do art. 896, da CLT, incumbirá ao recorrente o ônus de demonstrar a divergência jurisprudencial, mediante juntada da "certidão, cópia ou citação do repositório de jurisprudência, oficial ou credenciado, inclusive em mídia eletrônica, em que houver sido publicada a decisão divergente, ou ainda pela reprodução de julgado disponível na internet, com indicação da respectiva fonte, mencionando, em qualquer caso, as circunstâncias que identifiquem ou assemelhem os casos confrontados".

---

25 Nesse sentido, aresto do TST: E-RR-34600-17.2001.5.17.0001, SBDI-1, rel. Min. Augusto Cesar Leite de Carvalho, datado de 24/05/12. "RECURSO DE EMBARGOS REGIDO PELA LEI 11.496/2007. ESTABILIDADE PROVISÓRIA. ACIDENTE DE TRABALHO. CONTRATO POR TEMPO DETERMINADO. DIVERGÊNCIA JURISPRUDENCIAL NÃO CONFIGURADA. O presente recurso de embargos encontra-se sujeito à sistemática da Lei 11.496/2007, devendo o recorrente demonstrar divergência jurisprudencial específica, sob pena de não conhecimento do apelo. Não é possível reconhecer, no entanto, a aludida divergência jurisprudencial. No caso, a Turma entendeu que o contrato por tempo determinado, previsto na Lei 6.019/74, é incompatível com o instituto da estabilidade provisória, destacando que o fato de o reclamante encontrar-se em gozo de benefício previdenciário, em virtude de ter sofrido acidente de trabalho, não transforma o contrato a termo em contrato por tempo indeterminado. Nesse contexto, evidencia-se a inespecificidade dos arestos, uma vez que a controvérsia gira em torno do contrato por tempo determinado, previsto na Lei 6.019/74, e os arestos transcritos tratam do contrato de experiência, previsto no art. 443 da CLT. A ausência de identidade dos dispositivos interpretados torna inespecíficos os julgados paradigmas. De acordo com a Súmula 296 do TST, a divergência jurisprudencial há de ser específica, revelando a existência de teses diversas na interpretação de um mesmo dispositivo legal. Recurso de embargos não conhecido." Disponível em https://www.lexml.gov.br/urn/urn:lex:br:tribunal.superior.trabalho;subsecao.especializada.dissidios.individuais.1:acordao;e:2012-05-24;34600-2001-1-17-0. Acesso em 19/11/20.

Noutro turno, os recursos de revista consubstanciados em violação da lei ou da Constituição Federal exigem a indicação expressa dos dispositivos violados, conforme entendimento já cristalizado pelo TST[26]. Demais, a afronta que se pretende seja reconhecida no apelo, deve ser à literalidade da lei e/ou de forma direta a dispositivo Constitucional, não se admitindo o maltrato reflexo, no último caso.

A análise dos pressupostos de admissibilidade do recurso de revista é feita, em um primeiro momento, pelo Presidente do Tribunal Regional do Trabalho, o qual apreciará o preenchimento dos pressupostos extrínsecos e intrínsecos do apelo. Num segundo momento, o relator para o qual for distribuído o recurso promoverá o segundo juízo de admissibilidade, incluindo agora, o exame da transcendência.

Caso o relator denegue, monocraticamente, seguimento ao recurso, por ausência de algum dos seus pressupostos, poderá o recorrente manejar o agravo interno para uma das Turmas do TST, onde será feito o terceiro juízo de admissibilidade, inclusive, quanto à existência de transcendência da causa. Mantida, pela turma, o não conhecimento, caberá ainda, por fim, embargos à SBDI-1 do TST (que irá proceder ao quarto juízo de admissibilidade), exceto na hipótese de ausência de transcendência, cuja decisão, nos termos do §4º, do art. 896-A[27], da CLT, é irrecorrível. Acerca da transcendência, discorreremos largamente em capítulo posterior.

Diante do quadro delineado acima, resta claro que o recurso de revista possui duas importantes funções, que estão umbilical-

---

[26] Súmula nº 221 do TST. "RECURSO DE REVISTA. VIOLAÇÃO DE LEI. INDICAÇÃO DE PRECEITO. (cancelado o item II e conferida nova redação na sessão do Tribunal Pleno realizada em 14.09.2012) - Res. 185/2012, DEJT divulgado em 25, 26 e 27.09.2012. A admissibilidade do recurso de revista por violação tem como pressuposto a indicação expressa do dispositivo de lei ou da Constituição tido como violado."

[27] "Mantido o voto do relator quanto à não transcendência do recurso, será lavrado acórdão com fundamentação sucinta, que constituirá decisão irrecorrível no âmbito do tribunal."

mente ligadas ao papel do TST como corte superior que é. A função nomofilática, de manter a integridade e uniformidade da jurisprudência em âmbito trabalhista, dando a palavra final sobre a interpretação das leis e da Constituição Federal, bem como, por outro lado, a de preservação da justa e correta aplicação da lei pelos tribunais do país, em última instância de julgamento.

Como já dito alhures, as cortes superiores, no estrito exercício de suas atribuições, não foram criadas com o objetivo precípuo de fazer Justiça no caso concreto, mas para o fito de garantir a estanqueidade do ordenamento jurídico, a segurança jurídica e a isonomia no cerne da jurisdição trabalhista.

Quanto a esse importante papel desempenhado atualmente pelas cortes superiores, falaremos mais detidamente no capítulo vindouro.

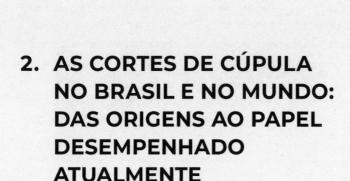

2. AS CORTES DE CÚPULA NO BRASIL E NO MUNDO: DAS ORIGENS AO PAPEL DESEMPENHADO ATUALMENTE

2.1. MODELOS HISTÓRICOS DE CORTES NO COMMON LAW E NO CIVIL LAW

2.1.1. CORTES DE CASSAÇÃO

As cortes de cassação, tipicamente encontradas nos países que adotam o sistema do *civil law*, destacam-se pela principal característica de controle da jurisdição e da legalidade das decisões judiciais.

Historicamente, têm por escopo a anulação ou a confirmação do julgado impugnado, e não propriamente a sua reforma; exercem o papel de guardiães da lei, contra eventuais violações[28], e sua preocupação maior é garantir a justiça no caso concreto.

Por consequência, observa Piero Calamandrei[29], ao controlar a legalidade da decisão nos casos que lhe são submetidos, essas cortes estariam, no fundo, evitando possíveis maus-tratos à ordem jurídica.

Seu surgimento remonta ao final século XVIII, no período pós-revolução francesa, e teve como finalidade precípua a proteção da lei contra possíveis ilegalidades cometidas pelos juízes, vistos naquele tempo como que intimamente ligados à monarquia absolutista deposta pelos revolucionários.[30]

Ponto que deve ser ressaltado é que a *Cour de Cassation* francesa figurava como um órgão administrativo, situado fora do Poder Judiciário, haja vista o seu objetivo de atuar como ente de controle dos atos praticados pela magistratura.

Interessa notar que dentro desse contexto histórico, onde o judiciário era visto com grande desconfiança pelos que haviam ascendido ao poder, bem como pela ideia de que o Poder Legislativo era o verdadeiro reflexo da vontade do povo, buscou-se implementar um novo modelo de estado em que a atividade da magistratura estava subordinada ao legislativo.

Dessa forma, o Judiciário estava limitado a dizer o direito nos exatos termos da lei, sendo-lhe proibido realizar qualquer atividade interpretativa, donde é que emanou a famosa expressão do juiz boca da lei (*juge bouche de la loi*).

---

28 Sobre o papel das cortes de cassação afirma J. A. Jolowicz: "There is no devolutive effect; the role of a jurisdiction of cassation is said to be exclusively to examine the legality of the decision under attack (...). No proofs are admissible on cassation – the facts must be taken as already found – and the court has only two options: it must either affirm or annul." JOLOWICZ, John Anthony. *On civil procedure,* University of Cambridge (2000), p. 300.

29 CALAMANDREI, Piero. *La casación civil,* vol. 2, Editorial bibliográfica argentina, Buenos Aires, 1945.

30 SALOMÃO, Rodrigo Cunha Mello. *A relevância da questão de direito como filtro de seleção do recurso especial.* Dissertação (Dissertação em direito) – UERJ. Rio de Janeiro, 2019, p. 27.

Outro país que possui tradicionalmente uma corte de cassação nesses mesmos moldes é a Itália.

A *Cassazione* italiana, nas palavras de Michele Taruffo[31], "sempre interpretou o seu próprio papel como órgão de tutela do chamado *jus litigatoris*, sublinha-se que a ideologia do próprio papel que a Corte seguiu e ainda segue é no sentido de considerar-se como órgão supremo de controle da legalidade em cada controvérsia, sobre aquele objeto particular, entre aquelas partes específicas e com referência aos fatos do caso concreto".

Essas cortes, vale ressaltar, devido ao fácil acesso dado a elas, são compostas por muito juízes e o volume de processos que lhes passam é, também, muito alto. Para se ter uma ideia, a *Corti di Cassazione* italiana possui um juiz para cada 205 mil habitantes, enquanto na França, a *Cour de Cassation*, um juiz para cada 195 mil habitantes. O número de sentenças cíveis proferidas por essas cortes é ainda mais alarmante, girando em torno de 30 mil decisões por ano.[32]

Pouco se diz aqui no Brasil, mas a Justiça nestes países é tão morosa quanto a nossa e passa pelos mesmos problemas sistêmicos pelos quais passamos. Não é à toa que o problema da letargia judiciária vem sendo enfrentado há décadas pelos italianos, especialmente.

2.1.2. CORTES DE APELAÇÃO

Em polo oposto, estão as cortes de apelação, marcadamente presentes nos países que adotam o sistema do *Common Law*, entre os quais podemos citar Estados Unidos, Inglaterra, Suécia e Noruega.

---

[31] TARUFFO, Michele. *Processo civil comparado*: ensaios, São Paulo: Marcial Pons, 2013, p. 123.

[32] SALOMÃO, Rodrigo Cunha Mello. *A relevância da questão de direito como filtro de seleção do recurso especial*. Dissertação (Dissertação em direito) – UERJ. Rio de Janeiro, 2019, p. 28

Os casos submetidos a essas cortes são julgados diretamente, ou seja, diferentemente do que acontece nas cortes de Cassação – cujo escopo é a anulação ou não do julgado – não ocorre o reenvio do processo ao órgão *a quo* para que este profira novo julgamento. Nesse modelo, o Tribunal está apto a reformar a decisão atacada a partir de seus próprios fundamentos. [33][34]

Merece destaque ainda que os recursos que lhe são endereçados contêm abordagem jurídica e fática, de forma que os Tribunais estão autorizados a rever toda a matéria devolvida à sua apreciação.

A Suprema Corte americana retrata bem esse papel, sendo sua atuação marcada pela grande discricionariedade na escolha dos casos que serão julgados por ela. Apenas as questões de grande relevância e sobre as quais haja dissenso entre as cortes federais de apelação passarão pelo filtro do *writ of certiorari*, acerca do qual falaremos mais a fundo no próximo capítulo voltado aos filtros recursais.

Diz-se hoje, inclusive, que a Suprema Corte estadunidense está hoje mais voltada à sua função pública, de desenvolvimento do direito, do que a função de garantia do interesse subjetivo das partes que exercia originalmente.

---

33 Sobre o ponto: "Under the appeal model (e.g., the English Appellate Co of the House of Lords and many other common law countries Finland and Sweden) the supreme (appellate) court has the power to set aside the judgment of the lower court and enter a new judgement on its own, i.e., without having to remand it to the lower court". BOBEK, Michael. *Quantity or Quality? Reassessing the Role of Supreme Jurisdictions in Central Europe.* The American Journal of Comparative Law, vol. 57, no. 1, 2009, pp. 33–65. JSTOR, JSTOR, www.jstor.org/stable/20454663, p. 36.

34 SALOMÃO, Rodrigo Cunha Mello. *A relevância da questão de direito como filtro de seleção do recurso especial.* Dissertação (Dissertação em direito) – UERJ. Rio de Janeiro, 2019, p. 29.

2.1.3. CORTES DE REVISÃO

Em posição intermediária, estão as cortes de revisão, cujo escopo é, primordialmente, a apreciação das questões de direito discutidas perante o poder judiciário. As questões de fato ou de prova controvertidas e examinadas nas ações judiciais que chegam ao seu escrutínio não podem ser revolvidas e rediscutidas por essas cortes.

Contudo, considerando que esse sistema recursal contém traços semelhantes tanto à Cassação quanto à Apelação, é possível que uma questão fática ou probatória sobre a qual não tenha sido dada a devida prestação jurisdicional, possa gerar a anulação da decisão e o reenvio da demanda ao tribunal *a quo* para (re)julgamento da matéria denegada.

Esse é o modelo que mais se aproxima ao sistema brasileiro. No Brasil, como sabemos, os tribunais superiores, em especial, o Tribunal Superior do Trabalho, não estão autorizados a rever os substratos fáticos ou a matéria de prova discutidos no recurso, mas tão somente as questões de direito.

Desse contexto é possível extrair que a preocupação maior dessas cortes está na preservação da higidez da ordem jurídica e no atendimento ao interesse público de manutenção do estado de direito.

Espanha, Alemanha e Áustria também se enquadram no sistema recursal de revisão adotado por suas cortes superiores.

Na Espanha, por exemplo, como bem observado, Guilherme Recena, "o Tribunal Supremo atua não só cassando (*ius rescindens*), mas também rejulgando o mérito da causa (*ius rescisorium*)."[35]

---

[35] E acrescenta: "Cabe fazer um parêntesis a fim de prevenir um equívoco: apesar do seu nome, a 'cassação' espanhola evoluiu de forma a distanciar-se de maneira relevante da originária cassação francesa; desde muito cedo, v.g., atuou de maneira positiva, não somente cassando a decisão recorrida, mas julgando ela mesma a causa. Aliás, a doutrina espanhola esforça-se para demonstrar a originalidade de sua casación: embora influenciados em alguma medida pela doutrina da separação

Importante destacar ainda que, no que se refere aos filtros de seleção de recursos atinentes ao modelo de revisão, este também se encontra em posição intermediária. Isto porque se encontra distante do modelo da Cassação, onde não se percebe a existência de filtros, e da Apelação, cujos filtros possuem critérios altamente discricionários.

Na revisão, afirma Rodrigo Salomão, "o método de seleção, na maioria das vezes, envolve a importância da questão de direito objeto da controvérsia, a demonstrar maior preponderância do interesse público"[36].

Para concluir, há que se atentar para as importantes mudanças que vêm ocorrendo nesses sistemas nas últimas décadas.

Como bem observa Jolowicz, os traços característicos inerentes a esses modelos vêm sofrendo importantes mudanças, de modo que as notáveis diferenças existentes entre eles não se mostram atualmente tão nítidas quanto em sua origem. Nesse sentido, do que se tem visto com relação às próprias funções atribuídas aos tribunais superiores presentes em ambos os modelos, essas diferenças se reduziram drasticamente.[37]

---

de poderes, os constituintes de Cádiz de 1812 criaram o Supremo Tribunal de Justicia (ulteriormente, Tribunal Supremo) já como órgão jurisdicional situado ao vértice da hierarquia judicial, e não como órgão político ligado ao Poder Legislativo e à sua proteção frente aos juízes. A associação, portanto, deve ser feita com o tipo ideal da revisão". COSTA, Guilherme Recena. *Superior Tribunal de Justiça e Recurso Especial*: análise da função e reconstrução dogmática. Dissertação apresentada para conclusão de Mestrado na Faculdade de Direito da Universidade de São Paulo, p. 58/60.

36 SALOMÃO, p. 30.

37 *"Even where there are both courts of appeal and courts of cassation, it is no longer possible to distinguish sharply between their respective functions; the differences between them are blurred. Some of the changes which have led to this blurring stem from the universal need to reduce the cost and the delays of litigation. Others, perhaps, have had broader objectives. But be this as it may, it is time for fresh consideration to be given to the purposes actually served by the various forms of recourse*

No caso específico da Cassação, cuja principal característica era a de estar limitada a anulação dos julgados, percebe-se, hoje em dia, que são raros os exemplos desse modelo em que o tribunal superior não está autorizado a julgar diretamente a causa, à exceção da Grécia que ainda mantém esse sistema em estado puro.

Por outro lado, no modelo da *Appeal*, que como visto permitia a apreciação de fatos e provas, além da questão de direito, há atualmente evidentes restrições quanto a isso.

Por fim, para concluir, parece-me que caminhamos para uma aproximação entre os modelos analisados, de modo que, cada vez mais as cortes superiores estejam limitadas ao julgamento das causas cujas questões de direito tenham relevância para o interesse da coletividade e com vistas ao desenvolvimento do direito, e, onde o interesse individual e subjetivo dos litigantes seja posto em patamar inferior na ordem de importância para essas cortes.

2.2. MODELOS E FUNÇÕES ATUAIS DAS CORTES DE CÚPULA: CORTES SUPERIORES E CORTES SUPREMAS

Segundo a doutrina moderna, é possível dividir as cortes de cúpula em dois modelos: Cortes Superiores e Cortes Supremas.[38]

---

that are available (...) pure cassation has become something of a rarity, and many appeals are more impure than pure. It may even be true that the differences between them have been reduced to differences of degree rather than of a kind." JOLOWICZ, J.A, Op. cit., p. 306-308.

38 Sobre o ponto, ensina Daniel Mitidiero: "O primeiro modelo parte de uma perspectiva cognitivista ou formalista da interpretação jurídica e encara a corte de vértice como uma corte de controle da legalidade das decisões recorridas, que se vale da sua jurisprudência como um simples parâmetro para aferição de erros e acertos cometidos pelos órgãos jurisdicionais das instâncias ordinárias na decisão dos casos a ele submetidos. A atividade da corte é reativa e preocupa-se com o passado.

Em síntese, as primeiras³⁹ possuem função reativa e têm

> O recurso dirigido pela parte à corte é fundado no *jus litigatoris* e essa tem pouca autonomia para gerir a sua própria atividade. A interpretação do Direito aí é apenas um meio para viabilização do fim controle da decisão recorrida. No modelo de Cortes Superiores, a uniformização da jurisprudência tem um papel meramente instrumental, de modo que o desrespeito à interpretação ofertada pela corte de vértice pelos juízes que compõem as instâncias ordinárias é visto como algo natural e em certa medida até mesmo desejável dentro do sistema jurídico. O segundo modelo parte de uma perspectiva cética ou antiformalista da interpretação jurídica, notadamente na sua versão lógico-argumentativa, e encara a corte de vértice como uma corte de adequada interpretação do Direito, que se vale dos seus precedentes como um meio para orientação da sociedade civil e da comunidade jurídica a respeito do significado que deve ser atribuído aos enunciados legislativos. A atividade da corte é proativa e encontra-se endereçada para o futuro. O recurso dirigido pela parte à corte visa a viabilizar a tutela do *jus constitutionis* e a corte dispõe de ampla autonomia para gerir a sua própria agenda. A corte autogoverna-se. A interpretação do Direito é o fim da corte de vértice, sendo o caso concreto apenas o meio a partir do qual a corte pode desempenhar a sua função. No modelo de Cortes Supremas, a formação do precedente tem um papel central, de modo que a violação à interpretação ofertada pela corte de vértice pelos juízes que compõem a própria corte e por aqueles que se encontram nas instâncias ordinárias é vista como uma grave falta institucional que não pode ser tolerada dentro do sistema jurídico." MITIDIERO, Daniel. *Cortes superiores e cortes supremas*: do controle à interpretação, da jurisprudência ao precedente. 2. ed. São Paulo: Revista dos Tribunais, 2015, p. 13-14.

39 "A Corte Superior – tomada como um modelo de corte de vértice da organização judiciária – caracteriza-se por pressupor, do ponto de vista da teoria do direito, a identificação entre texto, norma e regra jurídica, a adoção da teoria cognitivista da interpretação judicial e a assunção da declaração da norma jurídica pré-existente que rege o caso concreto levado a juízo pelas partes como tarefa da jurisdição. Estruturalmente, a Corte Superior é formada exclusivamente por membros da carreira judiciária, sendo competente para controlar a legalidade de todas as decisões a ela submetidas. A função que a Corte Superior desempenha é reativa, de modo que visa a controlar a aplicação da legislação caso a caso realizada pelos juízes ordinários, preocupando-se apenas com o passado. Essa função é desempenhada mediante a interposição de recurso pela parte interessada, cabível em todos os casos em que afirmada uma vio-

como finalidade precípua o controle de legalidade das decisões judiciais, enquanto as segundas[40], seriam proativas e preocupadas com a formação de precedentes.

---

lação à legislação pela decisão judicial recorrida, sendo o recurso um direito subjetivo da parte e uma manifestação da tutela do jus litigatoris. O objetivo da Corte Superior é controlar a aplicação da legislação de modo que se imponha, para todos os casos, a exata interpretação da lei, formando-se a partir de reiteradas decisões no mesmo sentido uma jurisprudência uniforme. A jurisprudência uniforme serve como meio pelo qual a Corte pode desempenhar a sua função de controle da legalidade da decisão recorrida. A eficácia das decisões da Corte Superior é restrita às partes do caso concreto, não constituindo a jurisprudência fonte primária do Direito. Como simples declaração particularizada de uma norma pré-existente, as decisões da Corte Superior têm eficácia ex tunc, não constituindo sua uniforme aplicação para o passado caso de violação à segurança jurídica, mas antes lógica imposição da norma que prevê a igualdade de todos perante a lei." MITIDIERO, Daniel. *Cortes superiores e cortes supremas*: do controle à interpretação, da jurisprudência ao precedente. 2. ed. São Paulo: Revista dos Tribunais, 2015, p. 35.

[40] "A Corte Suprema – seja como corte de vértice da organização judiciária, seja como corte constitucional alocada fora da estrutura do Poder Judiciário – caracteriza-se por pressupor, do ponto de vista da teoria do direito, a dissociação entre texto e norma jurídica, o reconhecimento da normatividade dos princípios ao lado das regras, bem como a existência de postulados normativos para adequada aplicação das normas, a adoção da teoria lógico-argumentativa da interpretação jurídica e a compreensão da jurisdição como atividade de reconstrução da ordem jurídica mediante a outorga de sentido a textos e a elementos não textuais do sistema jurídico. Estruturalmente, a Corte Suprema é formada por juristas oriundos de vários extratos sociais – magistrados de carreira, advogados, membros do Ministério Público e professores universitários – e é competente para orientar a aplicação do Direito mediante precedentes formados a partir do julgamento de casos concretos que revelem uma fundamental importância para consecução da unidade do Direito. A função da Corte Suprema é proativa, de modo que visa a orientar a interpretação e aplicação do Direito por parte da sociedade civil, por parte de seus próprios membros e por parte de todos os órgãos jurisdicionais, tendo a sua atuação direcionada para o futuro. Esse papel é desempenhado pela Corte mediante recurso da parte interessada, cuja admissão é subordinada à aferição da necessidade de seu pronunciamento sobre a matéria nele debatida, com o que o recurso da parte consiste em um

A partir dessa divisão, podemos concluir que os Tribunais Superiores brasileiros se parecem mais com cortes de controle, em especial no que se refere ao Tribunal Superior do Trabalho e ao Superior Tribunal de Justiça. Nessas cortes, observa Daniel Mitidiero, "a jurisprudência uniforme serve como meio pelo qual a Corte pode desempenhar a sua função de controle de legalidade da decisão recorrida"[41].

É possível constatar, pois, que, de acordo com o modelo atual, as cortes superiores, cujo escopo permite rever ou cassar a decisão alvejada, acabam por exercer um controle não apenas da legalidade das decisões, mas dos próprios órgãos judiciários a si submetidos, ao que Calamandrei pressupôs chamar, *controllo sul controllo*[42].

Ademais, a atuação dessas cortes é uma forma de controle reativa, ou seja, pressupõe a violação de um direito, e sua função é defender o direito objetivo, de modo que a interpretação da lei não é o fim, mas o meio, tendo a corte o papel de controle, não de interpretação.

A uniformidade da jurisprudência, nesse caso, é mero instrumento da função de controle, é um dever menor, sem au-

---

meio para tutela do jus constitutionis. O objetivo da Corte é orientar a aplicação do Direito mediante a justa interpretação da ordem jurídica, sendo o caso concreto apenas um pretexto para que essa possa formar precedentes. O caso concreto serve como meio para que a Corte Suprema possa exercer sua função de adequada interpretação da ordem jurídica. A eficácia das decisões da Corte Suprema vincula toda a sociedade civil e todos os órgãos do Poder Judiciário, constituindo o precedente fonte primária do Direito. Como obra de reconstrução da ordem jurídica, as suas decisões podem ter sua eficácia modulada de acordo com as necessidades evidenciadas pela segurança jurídica e pela igualdade de todos perante o Direito." MITIDIERO, Daniel. *Cortes superiores e cortes supremas*: do controle à interpretação, da jurisprudência ao precedente. 2. ed. São Paulo: Revista dos Tribunais, 2015, p. 55.

[41] MITIDIERO, Daniel. *Cortes superiores e cortes supremas*: do controle à interpretação, da jurisprudência ao precedente. 2. ed. São Paulo: Revista dos Tribunais, 2015, p. 35.

[42] CALAMANDREI, Piero. *La Cassazione Civile* cit., vol. VII., p. 26.

toridade formalmente vinculante. Não é ponto de chegada da Corte Superior, mas sim, o ponto de partida.

Para que a corte atue, ela tem que se pronunciar sobre todos os recursos para ela interpostos. Logo, recorrer a elas seria um direito subjetivo da parte (*jus litigatoris*). Pela sua função de controle, deve estar aberta a todos, estando o interesse privado a serviço do interesse público.

Quanto à eficácia das decisões, geralmente, estas terão efeito meramente *inter partes* e sua eficácia será voltada ao passado[43]. Como a norma já tem seu significado preestabelecido pelo legislador, não cabe a uma decisão ter eficácia para toda a ordem jurídica. A jurisprudência, nesse caso, não é fonte primária do direito.

---

[43] "Nesse contexto, em que a jurisprudência significa apenas a reiterada manifestação de uma Corte em um dado sentido e que a sua uniformidade serve apenas como meio de controle de legalidade das decisões recorridas e para tutela do jus litigatoris, a eficácia das decisões prolatadas pela Corte Superior não extrapola de modo algum os limites do caso concreto e do processo em que debatido. Assim, as decisões da Corte contam apenas com eficácia inter partes, não tendo a jurisprudência, por si só, força vinculante. A eficácia da decisão é para o passado, visando a controlar uma decisão judicial já prolatada e já submetida à crítica da parte por meio de recurso. A decisão da Corte Superior tem como objetivo controlar a legalidade da decisão recorrida ex post, cuja eficácia tem o condão de debelar uma violação à legislação já perpetrada, evidenciada pela violação à jurisprudência uniforme da Corte." MITIDIERO, Daniel. *Cortes superiores e cortes supremas*: do controle à interpretação, da jurisprudência ao precedente. 2. ed. São Paulo: Revista dos Tribunais, 2015, p. 52.

Por isso mesmo, Wach[44] e Calamandrei[45] demonstram certa preocupação com a usurpação da função legislativa. O sistema de precedentes, a partir do momento em que fixa entendimentos de observância obrigatória, estaria usurpando a função do Poder Legislativo.

Isso porque a tarefa do Judiciário consistiria em aplicar o direito objetivo ao caso concreto, resolvendo a crise jurídica. Não lhe cumpriria editar normas imperativas, pela sua carência de legitimidade popular. A eficácia das decisões judiciais, em regra, ocorre entre as partes.

Todavia, é preciso ponderar o seguinte: os juízes se situam no campo da vivência, com o dever de dar resposta aos processos; o cidadão, em optando pelo controle jurisdicional, alimenta a expectativa legítima de que o seu caso terá o mesmo julgamento do que outros, cujas premissas sejam coincidentes. Ademais, decisões contrárias à jurisprudência dominante raramente a desconstituem. Isso quer dizer tempo e dinheiro jogados fora, apenas por academicismo.

Grinover[46] recorda que o sistema constitucional brasileiro hodierno dá ao Poder Judiciário tríplice função: controle, equilíbrio e garantia. Nessa linha, continuamente se admite o controle sobre políticas públicas, sobretudo quando em jogo princípios constitucionais (no que se destacam instrumentos

---

[44] "se a lei atribui a um tribunal supremo a faculdade de interpretar com força vinculante para os tribunais inferiores, essa está concedendo ao tribunal em realidade uma função legislativa" ("Legt das Gesetz einem höchsten Gericht die Befugniss bei, bindend für die niederen Gerichte das Gesetz zu interpretiren, so wird demselben damit thatsächlich eine gesetzgeberische Funktion eingeräumt"). WACH, Adolf. *Handbuch des deutschen Civilprozessrechts*. Leipzig: Duncker & Humblot, 1885, p. 255.

[45] Piero Calamandrei. La Cassazione Civile – Disegno Generale dell'Istituto (1920). In: Cappelletti, Mauro (org.). *Opere Giuridiche*. Napoli: Morano Editore, 1976, p. 53, vol. VII.

[46] GRINOVER, Ada Pellegrini. *"Algumas considerações sobre a constitucionalidade do precedente vinculante previsto no Código de Processo Civil"*. Revista Brasileira da Advocacia. Vol. 2. Ano 1. São Paulo: RT, 2016.

como o mandado de injunção, a ação direta de inconstitucionalidade por omissão e o mandado de segurança). Revela-se, nesse tocante, o papel contramajoritário da jurisdição.

Teresa Alvim[47], corretamente, aponta que os precedentes seriam constitucionais porque representam o produto da tarefa interpretativa a que os magistrados se destinam. Afinal, até o mais simplório dos dispositivos pode causar controvérsias. As soluções qualificadas, consequentemente, adquiririam o *status* de precedentes e seriam, nada mais, nada menos que a interpretação correta das normas jurídicas.

Por fim, respondendo aos argumentos centrados na limitação da independência dos juízes e do seu livre convencimento, diga-se que não existem direitos fundamentais absolutos. Se ocorrer a colisão entre dois desses direitos, é desejável o uso da técnica da ponderação.

Conforme Sarlet, Marinoni e Mitidiero[48]:

> De outra parte, como já anunciado, afiguram-se possíveis limitações decorrentes da colisão de um direito fundamental com outros direitos fundamentais ou bens jurídico—constitucionais, o que legitima o estabelecimento de restrições, ainda que não expressamente autorizadas pela Constituição. Em outras palavras, direitos fundamentais formalmente ilimitados (isto é, desprovidos de reserva) podem ser restringidos caso isso se revele imprescindível para a garantia de outros direitos constitucionais, de tal sorte que há mesmo quem tenha chegado a sustentar a existência de uma verdadeira "reserva geral imanente de ponderação". Tais hipóteses exigem, no entanto, cautela redobrada por parte dos poderes públicos, especialmente no caso da imposição por decisão judicial de restrições ao exercício de direitos fundamentais.

---

[47] ALVIM. Teresa Arruda. "Jurisprudência Brasileira – Precedentes Estrangeiros: Uma combinação Possível?" in *Estudos de Direito Processual Civil em homenagem ao Professor José Rogério Cruz e Tucci*, Salvador: JusPodivm, 2018.

[48] SARLET, Ingo Wolfgang; MARINONI, Luiz Guilherme; MITIDIERO, Daniel. *Curso de direito constitucional* – 8. ed. – São Paulo: Saraiva Educação, 2019, p.493

Em outras palavras, ainda que ausente previsão expressa, é possível a restrição de um direito fundamental em favor de outro, desde que não haja quebra da proporcionalidade. Dentro dos três requisitos para a aplicação desse critério, o sistema de precedentes atende à adequação (pois prestigia a igualdade e a segurança jurídica), à necessidade (ante o cenário de mora do Judiciário) e à proporcionalidade estrita (porque não compromete as funções da judicatura – ao magistrado sempre se mostrará possível distinguir ou superar).

Mais especificamente, os incisos III, IV e V do art. 927 do Código de Processo Civil, apesar de não constarem do texto constitucional, estão de acordo com o texto constitucional. A conformidade surge clara, quando relembrado o art. 5º, LXXVIII, da CRFB, que fala da duração razoável do processo. Ou mesmo o *caput* do art. 5º, dado que a igualdade também precisa fazer-se presente dentro da lide.

Por fim, parece remota a hipótese de o Supremo Tribunal Federal declarar a inconstitucionalidade dos dispositivos mencionados. Primeiro, porque eles facilitam o julgamento de causas repetitivas pelos magistrados. Segundo, porque muitas das normas do atual código processual nasceram do esforço de ministros da Corte.

Nelson Néry Jr., perguntado sobre o tema, asseverou:

> "Nenhuma chance [de o Supremo declarar esses artigos inconstitucionais]. Foram os ministros do Supremo e do STJ que criaram o núcleo duro do CPC, o direito jurisprudencial. Como o Supremo vai dizer que fez algo inconstitucional? Vão dar uma pedalada jurídica para dizer que é constitucional."[49]

Não obstante essa consideração, para além das razões de conveniência, as razões mencionadas fazem concluir pela constitucionalidade do art. 927, III, IV e V, do CPC. A ausência de previsão expressa na Constituição é insuficiente para

---

[49] Acessível em: https://jota.info/justica/nucleo-duro-novo-cpc-e-inconstitucional-diz-jurista-21122016.

invalidar esses incisos, pois salta a compatibilidade com os princípios processuais expressos na Lei Maior.

José Roberto Mello Porto[50] adota entendimento de que os precedentes desses incisos não se tornaram vinculantes. A observância deles pela Administração se basearia no princípio da legalidade, uma vez que resultantes da interpretação das normas jurídicas. *In verbis:*

> Discorda-se de tal entender, simplesmente porque não parece existir a referida inovação. O novo Código não ostenta a clareza necessária para que se instaure reflexos desta relevância. Ademais, a Administração Pública e até o Legislativo (quando possui capacidade judiciária) se submetem aos entendimentos judiciais ao figurar em uma relação jurídica processual.
> Não bastasse, o Executivo tem de observar os princípios do artigo 37 da Constituição Federal, dentre os quais encontramos o essencial princípio explícito da legalidade. E, se, como relatado acima, nem o juiz merece gozar de uma irrestrita liberdade ao julgar, cabendo curvar-se à maneira como as cortes superiores a si interpretam o Direito, que dizer do administrador? Soa absolutamente improdutivo e ofensivo à boa-fé objetiva que a Administração viole entendimentos pacificados na jurisprudência

Todavia, não se pode negar que uma reforma constitucional ajudaria a pôr fim a esse debate, beneficiando os jurisdicionados. Demais, também levará certo tempo até que a ideia de direito jurisprudencial deite se enraíze na cultura jurídica vernácula.

A mudança na interpretação perante essas cortes se opera retroativamente, já que o sentido já estava na norma, não havendo, pois, violação da segurança jurídica. Já no caso de interpretações contrastantes, a solução vem, normalmente, pela via rescisória, por violação à legislação. Não há exatamente retroatividade da jurisprudência, vez que o significado da norma sempre existiu.[51]

---

50 PORTO, José Roberto Sotero de Mello. *Limitação do Poder Judiciário na edição de súmulas e enunciados jurisprudenciais.* No prelo, p. 22-23.

51 "É perfeitamente compreensível e compatível com esse caldo de cultura, portanto, a ênfase na igualdade de todos perante a lei e na segurança jurídica como pré-determinação do sentido da lei como meios

Contudo, clama-se em alta voz, dada a ineficiência desse modelo, que os tribunais de vértice se tornem Cortes Supremas, passando a ser aquelas que empenhem todos os seus esforços na formação dos precedentes.

É, pois, função da qual as Cortes Supremas não podem se afastar, afirma Daniel Mitidiero, "orientar a aplicação do Direito mediante precedentes formados a partir do julgamento de casos concretos que revelem uma fundamental importância para consecução da unidade do Direito"[52].

Portanto, a partir dessa premissa, espera-se de uma Corte Suprema a promoção da unidade do direito, mediante adequada hermenêutica da legislação, com vistas a uma atividade que aponte tanto na direção retrospectiva quanto na prospectiva.[53]

---

suficientes e idôneos para observância do Estado de Direito. Se a tarefa do Poder Judiciário cifra-se a declarar uma norma já existente encarnada na legislação, cujo sentido é unívoco, e se a Corte Superior apenas tutela a legalidade contra as decisões judiciais, é claro que basta para manutenção da igualdade e da segurança erigir a lei como parâmetro de controle suficiente para obtenção desses escopos. E mais: como a igualdade e a segurança são garantidas exclusivamente pela uniformidade do sentido intrínseco e unívoco da lei, o modelo de Corte Superior incentiva uma atuação individualista do juiz e um consequente baixo sentimento de unidade institucional do Poder Judiciário.8 Bastando a unidade na legislação, torna-se rigorosamente indiferente ao modelo a existência ou não de unidade na jurisdição." MITIDIERO, Daniel. *Cortes superiores e cortes supremas*: do controle à interpretação, da jurisprudência ao precedente. 2. ed. São Paulo: Revista dos Tribunais, 2015, p. 52.

52 MITIDIERO, Daniel. *Cortes superiores e cortes supremas*: do controle à interpretação, da jurisprudência ao precedente. 2. ed. São Paulo: Revista dos Tribunais, 2015, p. 55.

53 "A função da Corte Suprema, portanto, está em promover a unidade do Direito mediante a sua adequada interpretação. Como, de um lado, a interpretação jurídica pode dar lugar a uma multiplicidade de significados, e como, de outro, o Direito encontra-se sujeito à cultura, a unidade do Direito que a Corte Suprema visa a promover tem duas direções distintas: essa é tanto retrospectiva como prospectiva. Vale dizer: a Corte Suprema visa à promoção da unidade do Direito tanto para resolver uma questão jurídica de interpretação controvertida nos tribunais como para

O foco aqui, como se pode observar, está voltado à interpretação da lei e não ao controle da legalidade ou do acerto das decisões. Estas são apenas os meios pelos quais a corte exercerá seu papel.[54]

O papel interpretativo é razão de existir das Cortes Supremas, e não um mero evento acidental, de modo que, sem a sua adequada atividade interpretativa não há como se conceber a unidade do Direito.[55] Assim, pois, como a interpretação tem valor em si mesmo, o dissenso é fato considerado grave, já que atenta contra essa unidade.[56]

---

desenvolver o Direito diante das novas necessidades sociais, outorgando adequada solução para questões jurídicas novas." MITIDIERO, Daniel. *Cortes superiores e cortes supremas:* do controle à interpretação, da jurisprudência ao precedente. 2. ed. São Paulo: Revista dos Tribunais, 2015, p. 69.

[54] "È d'interprete della legge, più e oltre che di controllore delle altrui interpretazioni/applicazioni", sendo que essa "si svolge in ocasione dell'esame di decisioni su casi concreti, ma è volta a definirei il 'significato proprio' della norma, più che a verificare se questa è stata correttamente applicata nel singolo caso", visando principalmente "agli impieghi futuri della norma" (Michele Taruffo. *La corte di cassazione e la legge. Il Vertice ambiguo* – Saggi sulla cassazione civile. Bologna: Il Mulino, 1991. p. 65-66.)

[55] "Daí que interpretar adequadamente o Direito não é um evento acidental na vida da Corte Suprema. Pelo contrário: interpretar adequadamente o Direito é a razão pela qual a corte existe, na medida em que sem a sua interpretação não há como viabilizar-se a unidade do Direito. Nesse modelo, a interpretação judicial da corte não é subserviente ao controle da legalidade da decisão recorrida. Sendo a função da Corte Suprema a outorga de unidade ao Direito, a sua adequada interpretação é ponto de chegada, sendo a decisão recorrida em que se consubstancia o caso concreto apenas seu ponto de partida. Isso quer dizer que a Corte Suprema, como corte de interpretação, é uma verdadeira corte de precedentes, sendo o precedente judicial ao mesmo tempo encarnação da adequada interpretação do Direito e meio para obtenção da sua unidade." MITIDIERO, Daniel. *Cortes superiores e cortes supremas:* do controle à interpretação, da jurisprudência ao precedente. 2. ed. São Paulo: Revista dos Tribunais, 2015, p. 70.

[56] "Consequentemente, tendo a interpretação da Corte Suprema valor em si mesma, sendo o móvel que legítima sua existência e outorga sua função, eventual dissenso na sua observância pelos seus próprios membros ou por

2.3. O PAPEL CONTEMPORÂNEO DO TST COMO ÓRGÃO DE CÚPULA DO JUDICIÁRIO TRABALHISTA E SUA RACIONALIZAÇÃO

Para a doutrina atual, a função dos tribunais superiores está vinculada muito mais ao direito do Estado de ter suas decisões proferidas uniformemente entre os estados do que propriamente um direito do cidadão de rever a justiça da decisão que lhe foi desfavorável.

A bem da verdade, o papel do Tribunal Superior do Trabalho esteve ligado, desde muito tempo, à produção de normativos. Vale recordar que a CLT, uma vez que não dispõe de uma parte geral, disciplina determinadas modalidades de trabalho, como aconteceu no caso da prontidão, aplicável aos ferroviários.

O art. 8º da CLT permite o uso da analogia para suprir lacunas e, de fato, as súmulas e orientações jurisprudenciais do TST se prestaram a esclarecimentos que a legislação, isoladamente considerada, não permitia. Inclusive, esses enunciados redundaram na criação de obrigações para o empregador, a exemplo da Súmula 429, que considera tempo à disposição o deslocamento entre a portaria da empresa e o local de trabalho, desde que superior a 10 minutos.

---

outros órgãos jurisdicionais é encarado como um fato grave, como um desrespeito e um ato de rebeldia diante da sua autoridade, que deve ser evitado e, em sendo o caso, prontamente eliminado pelo sistema jurídico e pela sua própria atuação. E é exatamente por essa razão, no que agora interessa, que a 'review on a writ of certiorari' pela 'Supreme Court' estadunidense é admitida em questões importantes em que precedentes da corte foram violados ou não foram empregados quando deveriam (Rule 10, Rules of the Supreme Court) e que o recurso de 'Revision' para o 'Bundesgerichtshof' alemão é admitido quando é necessário para assegurar a igualdade de tratamento diante da jurisprudência ('die Sicherung einer einheitlichen Rechtsprechung eine Entscheidung des Revisionsgericht erfordert', § 543, 2, 2, segunda parte, 'Zivilprozessordnung')." § 543, 2, 2, segunda parte, 'Zivilprozessordnung')." MITIDIERO, Daniel. *Cortes superiores e cortes supremas:* do controle à interpretação, da jurisprudência ao precedente. 2. ed. São Paulo: Revista dos Tribunais, 2015, p. 70.

Mais paradigmática ainda é a Súmula 277 do TST, sobre a ultratividade das normas coletivas. O tema, na verdade, retroage ao ano de 1992, em que foi editada a Lei n° 8.542, cujo §1° do art.1° previa expressamente que, somente no caso de novo acordo ou convenção, os anteriores perderiam vigência.

Ocorre que o mencionado dispositivo já se encontra revogado, o que enfraqueceria qualquer raciocínio nesse sentido, não fosse a nova redação do art. 114, §2°, da Constituição Federal, dada pela EC 45/2004[57]. O vocábulo *anteriormente* ressuscitou o debate e fez o TST dar à Súmula 277 sua redação atual.

Posto o problema, a Confederação Nacional dos Estabelecimentos de Ensino — COFENEN ajuizou Arguição de Descumprimento de Preceito Fundamental para dar interpretação conforme ao art. 114, §2°, CRFB, em respeito aos princípios da separação dos Poderes (art. 2° e 60, § 4°, inciso III, CF) e da legalidade (art. 5°, caput, CF).

Por ocasião do julgamento do pedido de medida cautelar, o Ministro Gilmar Mendes, relator, teceu duras críticas à interpretação dada pelo Corte Superior Trabalhista ao §2° do art. 114 da CRFB:

> O vocábulo introduzido pela EC 45/2004 é voltado, portanto, a delimitar o poder normativo da Justiça do Trabalho. Na hipótese de não ser ajuizado dissídio coletivo, ou não firmado novo acordo, a convenção automaticamente estará extinta (p.46).
> Daí se percebe que o espírito do legislador constituinte passou longe da ideia de suposta revitalização do princípio da ultratividade da norma coletiva. Deduzir-se o pretendido pela Justiça Trabalhista poderia configurar verdadeira fraude hermenêutica, destinada apenas a extrair-se – de onde não há – interpretação que a auxilie a fundamentar o que deseja (p. 46-47).
> (…)

---

[57] § 2° Recusando-se qualquer das partes à negociação coletiva ou à arbitragem, é facultado às mesmas, de comum acordo, ajuizar dissídio coletivo de natureza econômica, podendo a Justiça do Trabalho decidir o conflito, respeitadas as disposições mínimas legais de proteção ao trabalho, bem como as convencionadas anteriormente.

> Ao avocar para si a função legiferante, a Corte trabalhista afastou o debate público e todos os trâmites e as garantias típicas do processo legislativo, passando, por conta própria, a ditar não apenas norma, mas os limites da alteração que criou. Tomou para si o poder de ponderação acerca de eventuais consequências desastrosas e, mais, ao aplicar entendimento que ela mesma estabeleceu, também o poder de arbitrariamente selecionar quem por ele seria atingido (p.53).

Mais adiante, o Ministro diz que a mudança na redação sumular carrega traços exóticos, por carecerem de precedentes a fundamentá-las. A guinada jurisprudencial, ainda segundo Mendes, ofenderia frontalmente o princípio da segurança jurídica, porquanto não observou a publicidade característica das alterações legislativas:

> Sem precedentes ou jurisprudência consolidada, o TST resolveu de forma repentina – em um encontro do Tribunal para modernizar sua jurisprudência! – alterar dispositivo constitucional do qual flagrantemente não se poderia extrair o princípio da ultratividade das normas coletivas.
>
> Da noite para o dia, a Súmula 277 passou de uma redação que ditava serem as normas coletivas válidas apenas no período de vigência do acordo para o entendimento contrário, de que seriam válidas até que novo acordo as alterasse ou confirmasse (p.54).

Ressalte-se a data em que o pedido de medida cautelar foi apreciado: 14 de outubro de 2016. Em maio de 2022, o Plenário do Supremo Tribunal Federal julgou procedente a Arguição de Descumprimento de Preceito Fundamental, nos termos do voto do Relator (Ministro Gilmar Mendes). Ficaram vencidos os Ministros Luiz Edson Fachin (que entendera pela ultratividade plena), Rosa Weber (que se posicionou pela ultratividade limitada à revogação por nova negociação), Ricardo Lewandowski (que seguiu a opinião da Min.Rosa Weber)[58].

---

[58] BRASIL. Supremo Tribunal Federal. ADPF 323, Relator(a): GILMAR MENDES, Tribunal Pleno, julgado em 30/05/2022, PROCESSO ELETRÔNICO DJe-184 DIVULG 14-09-2022 PUBLIC 15-09-2022

Nos últimos 5 anos, o tema ganhou novos capítulos, num característico efeito *backlash*[59].

A Lei 13.467/2017 achou por bem restringir essa atividade criativa, inserindo o §2º no art. 8º, com a seguinte redação:

> "§ 2º Súmulas e outros enunciados de jurisprudência editados pelo Tribunal Superior do Trabalho e pelos Tribunais Regionais do Trabalho não poderão restringir direitos legalmente previstos nem criar obrigações que não estejam previstas em lei."

A intenção, nesse caso, foi no sentido de combater o chamado ativismo judicial pela colocação da premissa de que apenas a lei, as convenções e acordos coletivos poderiam criar obrigações. A primeira, pela sua imperatividade; as demais, por resultarem de negociações entre trabalhadores e empresas. Nas palavras do relator do então Deputado Rogério Marinho (relator do projeto de lei que resultou na Lei 13.467/2017):

> O fato é que, em consequência dessas interpretações distintas, cabe ao TST exercitar a sua competência de uniformizar as decisões judiciais no âmbito trabalhista, utilizando-se, para tanto, das súmulas e de outros enunciados de jurisprudência.
>
> Não resta dúvida quanto à importância das súmulas no balizamento das decisões proferidas na Justiça do Trabalho e como objeto de economia processual, diante da sua finalidade de agilizar o andamento dos processos e dar segurança jurídica às decisões dos Juízes do Trabalho em todo o País.
>
> Ocorre, porém, que temos visto com frequência os tribunais trabalhistas extrapolarem sua função de interpretar a lei por intermédio de súmulas, para, indo além, decidirem contra a lei. Assim, um instrumento que deveria ter a finalidade precípua de trazer segurança jurídica ao jurisdicionado, garantindo a previsibilidade das decisões, é utilizado, algumas vezes, em sentido diametralmente oposto, desconsiderando texto expresso de lei.
> (...)
> No que concerne ao fenômeno acima relatado, também chamado de ativismo judicial, cabe ressaltar a advertência do Presidente do TST, Ministro Ives Gandra Martins Filho, de que é

---

[59] Segundo Marmelstein (2016): "O backlash é uma reação adversa não-desejada à atuação judicial. Para ser mais preciso, é, literalmente, um contra-ataque político ao resultado de uma deliberação judicial." (p.3)

urgente se adotar um controle para se evitar que, sob a justificativa de que se está interpretando subjetivamente, o juiz crie ou revogue lei com suas decisões, complementando que "o juiz é livre dentro da lei e não fora dela"[60]

Nota-se, no trecho mencionado, o objetivo de limitar a interpretação das cortes trabalhistas de forma que ela não implique usurpação da competência legislativa. Essa restrição não ocorre em caráter absoluto porque os conceitos jurídicos indeterminados e cláusulas gerais permanecem e ao julgador cabe preencher-lhes de sentido.

O art. 702, I, "f" e §§3º e 4º, da CLT transparecem esse ânimo de circunscrever o ativismo da Corte Superior Trabalhista. Esses dispositivos estabeleceram um rito para a aprovação e mudança de súmulas ou outros enunciados de jurisprudência uniforme. Para tanto, serão necessários dois terços dos votos dos 27 ministros, decisão unânime sobre a matéria em, no mínimo, dois terços das turmas em, pelo menos, dez sessões diferentes[61].

---

[60] BRASIL. *COMISSÃO ESPECIAL DESTINADA A PROFERIR PARECER AO PROJETO DE LEI Nº 6.787, DE 2016, DO PODER EXECUTIVO, QUE "ALTERA O DECRETO-LEI Nº 5.452, DE 1º DE MAIO DE 1943 - CONSOLIDAÇÃO DAS LEIS DO TRABALHO, E A LEI Nº 6.019, DE 3 DE JANEIRO DE 1974, PARA DISPOR SOBRE ELEIÇÕES DE REPRESENTANTES DOS TRABALHADORES NO LOCAL DE TRABALHO E SOBRE TRABALHO TEMPORÁRIO, E DÁ OUTRAS PROVIDÊNCIAS".* Disponível em: https://www.camara.leg.br/proposicoesWeb/prop_mostrarintegra?codteor=1544961&filename=PRL+1+PL678716+%3D%3E+PL+6787/2016. Acesso em: 18 ago. 2021.

[61] Art. 702 – Ao Tribunal Pleno compete:
I – em única instância:
(...)
f) estabelecer ou alterar súmulas e outros enunciados de jurisprudência uniforme, pelo voto de pelo menos dois terços de seus membros, caso a mesma matéria já tenha sido decidida de forma idêntica por unanimidade em, no mínimo, dois terços das turmas em pelo menos dez sessões diferentes em cada uma delas, podendo, ainda, por maioria de dois terços de seus membros, restringir os efeitos daquela declaração ou decidir que ela só tenha eficácia a partir de sua publicação no Diário Oficial;
(...)

Ademais, esse procedimento deverá ser precedido por audiência pública, convocada com, no mínimo, 30 dias de antecedência, na qual haverá sustentação oral pelo Procurador-Geral do Trabalho, pelo Conselho Federal da Ordem dos Advogados do Brasil, pelo Advogado-Geral da União e por confederações sindicais ou entidades de classe de âmbito nacional. Aos Tribunais Regionais do Trabalho se aplicará o mesmo rito, observados seus âmbitos territoriais.

Evidentemente, a mudança não foi bem recebida. A Procuradoria-Geral da República ajuizou ação direta de inconstitucionalidade contra esses dispositivos (ADI 6188). Houve, ainda, propositura de ação declaratória de constitucionalidade (ADC 62). Em síntese, os argumentos foram os seguintes: violação à autonomia dos tribunais e à separação dos Poderes; ofensa à proporcionalidade e à razoabilidade do quórum de 2/3; revogação tácita do art. 702 pela Lei 7.701/1988[62].

A Advocacia-Geral da União, em informações, defendeu a higidez das alterações, com fundamento na segurança jurídica. Sustentou que os tribunais não detêm exclusividade para a fixação dos requisitos de elaboração e alteração de súmulas[63]. Assim, se a Constituição não proíbe que lei trate da matéria, o legislador estará apto a fazê-lo.

---

§ 3º As sessões de julgamento sobre estabelecimento ou alteração de súmulas e outros enunciados de jurisprudência deverão ser públicas, divulgadas com, no mínimo, trinta dias de antecedência, e deverão possibilitar a sustentação oral pelo Procurador-Geral do Trabalho, pelo Conselho Federal da Ordem dos Advogados do Brasil, pelo Advogado-Geral da União e por confederações sindicais ou entidades de classe de âmbito nacional.

§ 4º O estabelecimento ou a alteração de súmulas e outros enunciados de jurisprudência pelos Tribunais Regionais do Trabalho deverão observar o disposto na alínea f do inciso I e no § 3º deste artigo, com rol equivalente de legitimados para sustentação oral, observada a abrangência de sua circunscrição judiciária.

[62] FREITAS, Cláudio; DINIZ, Amanda. *CLT comentada*. 2ª ed. rev., atual. e ampl. Salvador: Editora JusPodium, 2021, p. 1064.

[63] Idem.

Parece que o Parlamento, no afã de fazer frente ao ativismo judicial, acabou por se exceder na sua resposta. O art. 8°, §2°, da CLT alerta os julgadores para as consequências de suas decisões. Sobressai um aspecto pedagógico louvável: a ênfase no custo por trás dos direitos garantidos, levando o juiz a conceder apenas o que efetivamente é cabível.

Por outro lado, a distinção entre o reconhecimento de uma obrigação decorrente de lei e a criação desse ônus pelo Judiciário nem sempre se mostrará nítida. As soluções das lides passam pelo uso das técnicas de integração (analogia, costumes e princípios gerais de direito)[64] e pelo chamado diálogo das fontes[65].

O resultado do uso de tais ferramentas não constará expressamente de dispositivo legal. Faria sentido, então, pugnar por que não se apliquem ao Direito do Trabalho? Acepção tal, com a devida *venia*, não merece subsistir. Os fatos jurídicos da pós-modernidade são multifacetados e a legislação dificilmente os alcança. Frequentemente, quem julga se vê premido à elucidação de problemas imprevistos. Sabendo que lhe é vedado o *non liquet*, ele se vale dos mecanismos oferecidos pela lei mesma.

Vale mencionar, a propósito, o art. 489, §2°, do Código de Processo Civil[66] que oficializa a ponderação na esfera infraconstitucional. A solução do impasse consistirá em atribuir ao art. 8°, §2°, da CLT interpretação conforme, isto é, as súmulas

---

[64] Art. 4º Quando a lei for omissa, o juiz decidirá o caso de acordo com a analogia, os costumes e os princípios gerais de direito.

[65] Segundo Jayme (1995): "Dès lors que l'on évoque la communication en droit international privé, le phénomène le plus important est le fait que la solution des conflits de lois émerge comme résultat d'un dialogue entre les sources le plus hétérogènes. Les droits de l'homme, les constitutions, les conventions internationales, les systèmes nationaux: toutes ces sources ne s'excluent pas mutuellement; elles 'parlent' l'une à l'autre. Les juges sont tenus de coordonner ces sources en écoutant ce qu'elles disent."

[66] § 2º No caso de colisão entre normas, o juiz deve justificar o objeto e os critérios gerais da ponderação efetuada, enunciando as razões que autorizam a interferência na norma afastada e as premissas fáticas que fundamentam a conclusão.

e outros enunciados de jurisprudência do TST e dos Regionais não poderão restringir direitos legalmente previstos ou criar obrigações não previstas em lei, como regra geral. Excepcionalmente, consideradas as premissas fáticas e normativas, com a devida fundamentação, admitir-se-ão tais condutas.

Isso porque a República Federativa do Brasil inscreveu na sua Constituição direitos sociais cujos efeitos fazem nascer obrigações para o empregador. Acrescente-se o fato de que o Estado assina tratados internacionais que, não raramente, incrementam as folhas de pagamento.

No mais, o próprio Código de Processo Civil de 2015 ratificou o papel de uniformização dos Tribunais Superiores. Ao mesmo tempo que a lei instrumental privilegia o papel criador dos tribunais, a legislação material parece apontar para o sentido contrário.

A suposta incompatibilidade não é absoluta. A despeito do esforço do parlamento, as transformações sociais sucedem a uma velocidade impossível de acompanhar e a lei escrita não dá conta de responder a todas as dúvidas que afluem ao Poder Judiciário. Cumpre aos juízes usar dos instrumentos à disposição (jurisprudência, analogia, costumes, princípios, equidade etc.) para resolver as lides.

O papel do precedente é tríplice. Primeiro, torna mais prática a prestação jurisdicional (aplicando o mesmo entendimento a fatos análogos); segundo, garante o tratamento isonômico (que casos semelhantes recebem igual provimento); por fim, concretiza a segurança jurídica, porque evita a prolação de pronunciamentos conflitantes.

O desejo do atual CPC é a efetivação de uma cultura de observância às decisões das Cortes Superiores. A elas não é dado o exame de questões de fato, e sim da matéria de direito que transcende o interesse subjetivo das partes. A causa, para ser passível de recurso extraordinário *lato sensu*, deve, de algum modo, atender aos critérios de relevância postos na lei.

Evidentemente, essa orientação encontra resistência por parte de muitos magistrados, que veem no sistema de precedentes um limitador de sua independência funcional[67]. Existe mesmo discussão sobre a constitucionalidade do art. 927, III, IV e V, do CPC, pois esses dispositivos não encontram correspondência na Constituição Federal, a qual confere essa vinculatividade apenas às decisões do controle concentrado (art. 102, §2º) e às súmulas vinculantes (art. 103-A).

Segundo Daniel Amorim Assumpção Neves:

> O art. 927 do Novo CPC cria uma série de hipóteses de precedente vinculantes, o que tem duvidosa constitucionalidade, considerando-se que esse tipo de eficácia depende de norma constitucional, como ocorre com a súmula vinculante e com o controle concentrado de constitucionalidade. O inciso IV do dispositivo ora analisado é o mais intrigante, ao prever que as súmulas de direito constitucional editadas pelo Supremo Tribunal Federal e as súmulas de direito infraconstitucional editadas pelo Superior Tribunal de Justiça têm eficácia vinculante. Não são súmulas vinculantes, essas previstas no inciso II do art. 927 do Novo CPC, mas têm o mesmo efeito vinculante. **O sistema agora passa a ter súmula vinculante prevista em texto constitucional e súmula com eficácia vinculante prevista em texto infraconstitucional** (grifos nossos)[68]

A objeção de limitador à independência funcional satisfaz, entretanto, aos critérios da razoabilidade e da proporcionalidade. A uma, porque independência não quer dizer descompromisso com a lógica; a duas, porque a limitação é relativa, haja vista o fato de que o precedente pode ser afastado, em face de distinção ou superação. Ademais, é preciso harmonizar o livre convencimento do magistrado com outros elementos do sistema processual, como a isonomia e a segurança jurídica.

---

[67] Disponível em: < https://www.amb.com.br/wp-content/uploads/2019/02/Pesquisa_completa.pdf>. Acesso em: 7 fev. 2020.

[68] Neves, Daniel Amorim Assumpção. *Novo Código de Processo Civil Comentado*. Salvador: Ed. JusPodivm, 2016, p.19.

No tocante à suposta inconstitucionalidade dos incisos III, IV e IV do art. 927 do CPC, é tese que tem poucas chances de vingar, sobretudo ante o volume de processos que vão a julgamento nos Tribunais Superiores. Há interesse maior na sobrevivência da sistemática atual com o objetivo de dar vencimento aos acervos.

Mitidiero[69] fala em relação de colaboração entre o Legislativo e o Judiciário, visando a promover o império do direito. A Suprema Corte assume o papel de guia na fixação do sentido adequado ao texto e aos elementos não textuais.

O critério da transcendência reafirma o papel condutor do TST por lhe permitir a fixação de precedentes mediante o julgamento apenas de casos com interesse para além daquele dos envolvidos na reclamatória trabalhista. Não se reduz à limitação gratuita do acesso ao Judiciário, senão de obediência ao desenho institucional estabelecido na Constituição.

Na lição do Prof. Maurício Godinho Delgado:

> (...) está muito claro no corpo e no espírito da Constituição que o sistema judicial estrutura-se em dois grandes níveis, intercomunicados, que realizam, cada um à sua maneira, os dois papéis acima já enfatizados. No caso trabalhista, a chamada instância ordinária (Juízos de 1º e 2º Graus), ao lado dos tribunais superiores, ou seja, TST e STF.
>
> A função da instância ordinária é dar solução aos litígios trazidos a seu exame quer por meio da imprescindível conciliação judicial, quer por meio da decisão prolatada (sentença ou acórdão). Solução célere, pronta, rápida; solução eficaz e que confira efetividade à ordem jurídica.
>
> A função constitucional precípua dos tribunais superiores é racionalizar e uniformizar a leitura da ordem jurídica, em suas matrizes legais e constitucionais, permitindo que a instância ordinária entregue a solução judicial concreta que lhe cabe a partir de parâmetros normativos relativamente harmônicos em toda a República e Federação. Essa função racionalizadora e uniformizadora também tem de ser cumprida de maneira cé-

---

[69] MITIDIERO, Daniel. *Cortes Superiores e Cortes Supremas: do controle à interpretação, da jurisprudência ao precedente*. 2. ed. São Paulo: RT, 2015.

lere, pronta, rápida, para que se permita conferir o máximo de eficácia e efetividade à ordem jurídica do país."[70]

Para Ives Gandra Martins Filho, um sistema simples e racional seria aquele que:

> "a) contemplasse como direito do cidadão a garantia ao duplo grau de jurisdição, em que a sentença de um juiz singular pudesse ser revista pelo colegiado de um Tribunal, tanto em aspectos fáticos quanto jurídicos;
> b) encarasse o acesso aos Tribunais Superiores, nele incluído o Supremo Tribunal Federal, como uma garantia do Estado Federado, de ver seu direito federal observado uniformemente em todo o território nacional (daí a distinção teórica entre instâncias ordinárias – Varas do Trabalho e TRT's - e instâncias extraordinárias – TST e STF;"[71]

O direito do cidadão, portanto, resume-se ao recurso para a segunda instância. Mais especificamente, o acesso ao TST deve superar o óbice da Súmula 126, atender às hipóteses do art. 896 da CLT e apresentar a transcendência, conforme o art. 896-A da mesma lei. Não se presta o recurso de revista ao reexame de questões pertinentes só a reclamante e reclamado.

A inserção, pela Lei 13.015/2014, do IRR (incidente de recursos repetitivos) possibilita que o tribunal selecione os recursos representativos da controvérsia e, a partir deles, fixem a tese jurídica. Os recursos seriam, portanto, mote para a uniformização[72].

Percebe-se papel mais proativo da Corte Trabalhista na seleção dos representativos. Ainda que a lei ofereça indicadores, a ela pertence a decisão sobre a transcendência. Dá, com isso, seu contributo para a economia processual sob o aspecto macroscópico, garantindo a satisfação do crédito para aquele que se saiu vencedor na lide.

---

[70] DELGADO, Mauricio Godinho; MARTINS FILHO, Ives Gandra da Silva. *Efetividade do direito e processo do trabalho.* (org.) Rio de Janeiro: Elsevier, 2010. p. 318/319.

[71] Idem.

[72] Ibidem.

Ademais, preserva-se a isonomia e a proteção da confiança, dado que o cidadão sabe que à mesma razão corresponderá o mesmo direito ou, mais tecnicamente, à mesma tutela jurisdicional.

3. OS FILTROS DE ACESSO OU DE SELEÇÃO DE RECURSOS COMO MEIO DE RACIONALIZAÇÃO DAS CORTES SUPERIORES

3.1. O PORQUÊ DOS FILTROS

Não é nenhuma novidade que, no Brasil e mundo afora, os tribunais superiores vêm há décadas sofrendo com o problema da quantidade estratosférica de recursos que são levados a essas cortes, sobretudo pelo que já foi visto antes, acerca da facilidade com que originalmente as partes as acessavam.

Essa enxurrada de recursos comprometeu substancialmente a qualidade dos julgamentos proferidos por esses tribunais, fazendo com que eles passassem a julgar a toque de caixa essa demanda humanamente impossível de se administrar[73].

---

[73] Nesse sentido escreveu Galic: "if the doors to the supreme courts are wide open, this will inevitably result in the fading away of the public function of the supreme court's adjucation". GALIC, Ales, *A Civil Law Perspective On The Supreme Court And Its Functions*. Disponível em:

Dessa forma, foi necessário que se criassem maneiras para conter essa exagerada quantidade de casos submetidos às instâncias extraordinárias, cujo acesso fosse restrito aos casos mais relevantes e com interesse não só para as partes envolvidas, mas para toda a coletividade.

À falta de normas que regulamentassem a criação desses filtros selecionadores de recursos dirigidos às cortes de vértice, há décadas presenciamos o surgimento da chamada "jurisprudência defensiva"[74]. Esse foi o meio pelo qual os próprios

---

http://colloquium2014.uw.edu.pl/wp-content/uploads/sites/21/2014/01/Ales-Galic.pdf, p. 10.

[74] Sobre a jurisprudência defensiva desenvolvida pelo Supremo Tribunal Federal antes da introdução da repercussão geral: "Como exposto, até a EC 45/2004, a excessiva sobrecarga de feitos no STF provocou o desenvolvimento de jurisprudência cada vez mais defensiva no que tange ao conhecimento do recurso extraordinário. Como efeito, o caráter extraordinário do apelo extremo denotava-se cada vez mais pela excepcionalidade do conhecimento do recurso e cada vez menos como remédio constitucional apto a harmonizar a interpretação das normas constitucionais. A própria violação de normas constitucionais perdia importância em face de diversos requisitos processuais que deveriam ser preenchidos para que o recurso fosse conhecido (...). De certa forma, inverteu-se a hierarquia de propósitos: a aplicação e a harmonização da interpretação das disposições constitucionais subordinavam-se às normas e aos institutos de processo civil, que deixaram de ser mero instrumento para absorverem quase por completo a atividade do STF." FUCK, Luciano Felício. O Supremo Tribunal Federal e a repercussão geral" in ALVIM, Teresa Arruda (coord.). São Paulo, Revista dos Tribunais. *Revista de Processo*, ano 35, n. 191, mar/2010, p. 21-22. Também: "Não obstante, em nossa experiência jurídica, esquecendo completamente de que a celeridade deve servir às partes e não ao Estado, os tribunais, em várias situações, extrapolam as garantias processuais, passando a legislar em detrimento do direito material dos jurisdicionados, como ocorre, v.g., no âmbito da famigerada jurisprudência defensiva. Na verdade, verifica-se que determinados óbices à admissão dos recursos às cortes superiores são fruto de construção engenhosa, que guardam alguma coerência hermenêutica com as regras processuais em vigor. Todavia, há, em significativo número, outras barreiras que mais se identificam à 'perversidade e abuso pretoriano', as quais não têm qualquer razão plausível para subsistirem no âmbito de

tribunais, a partir de seus julgados, passaram a formar, por meio de decisões reiteradas, mecanismos processuais que barrassem a subida de recursos, criando assim um escudo de proteção ao acesso dessas cortes. Os exemplos mais evidentes são as Súmulas 7 do STJ e 126 do TST.

Contudo, ainda que a letargia legislativa não deixasse outras saídas, fica evidente que esse não é o melhor nem mais adequado caminho para a solução do problema.

Desse modo, no século passado, diversos países passaram a promover reformas legislativas com o objetivo de implementar filtros de seleção de recursos para o acesso aos seus tribunais superiores, especialmente, aqueles integrantes do sistema do *Common Law*, embora os países da tradição romano-germânica tenham mais recentemente aproveitado a carona para aprovar também reformas nesse sentido. É o caso do Brasil e da Argentina na América do Sul e da Alemanha, Itália e Espanha no continente europeu.

Embora muitas críticas se possam tecer acerca dos filtros implementados no Brasil, sobretudo no que diz respeito à transcendência do recurso de revista, que é tema central desse estudo, é certo que exsurge imperiosa necessidade de racionalização dos tribunais superiores com vistas a disponibilizar mais tempo e estrutura para que essas cortes apreciem de forma adequada e aprofundada os temas jurídicos mais relevantes para a sociedade.

Feitas essas considerações gerais acerca dos filtros de seleção, passamos agora a analisar, especificadamente, aqueles mais importantes do direito comparado e que serviram de inspiração para o Brasil.

---

um ordenamento jurídico democrático, comprometido com a efetividade da tutela jurisdicional" (TUCCI, José Rogério Cruz e. *Contra o processo autoritário*, in: RePro 242 (2015), p. 55).

3.2. FILTROS MAIS IMPORTANTES DO DIREITO ESTRANGEIRO

3.2.1. O WRIT OF CERTIORARI ESTADUNIDENSE

É de fundamental importância, para o estudo da transcendência do Recurso de Revista, o debate acerca do *writ of certiorari*, visto que este serviu como fonte de inspiração para aquele e ambos possuem o mesmo objetivo: o desafogamento das cortes.

No país mais desenvolvido do mundo e onde as instituições parecem funcionar muito bem, o problema com o alto número de recursos destinados a julgamento pela Suprema Corte não poupou nem os americanos.

Foi por isso que, desde o *Judiciary Act* de 1789, lei que criou a *Supreme Court* norte-americana, e o *writ of error*, recurso endereçado a ela e hoje chamado *petition for certiorari*, tenta-se, nos EUA, solução para a elevada quantidade de casos que chega à Corte.

Contudo, tal medida não foi suficiente. Em 1891, através do *Evarts Act*, buscou-se novamente dar fim a esse contingente, de modo que houve importante mudança no organograma judiciário estadunidense com a criação das Cortes Federais de Apelação (*U.S. Courts of Appeals*) e o *writ of certiorari*, que, à época, ainda não possuía as características hoje vistas.

Novamente o problema não alcançou a solução desejada, razão pela qual, após o fim da primeira guerra mundial e com o avanço industrial experimentado pelos EUA, foi editado o *Judiciary Act* de 1925, também conhecido como *Certiorari Act* ou *Judge´s Bill*, que veio a implementar o critério altamente discricionário do *writ of certiorari*, que ganhou o contorno de verdadeiro filtro recursal como visto atualmente.

A *Supreme Court*, desde então, está autorizada a rejeitar o *writ* por razões de mera conveniência e oportunidade, sem nem mesmo precisar fundamentar a decisão denegatória e sem que isso, tampouco, signifique concordar com o acerto do julgado impugnado. Barbosa Moreira, aliás, teceu valiosas considerações sobre o critério de julgamento do *writ of certiorari*.[75]

Importante, contudo, mencionar que, posto que a corte tenha absoluta discricionariedade na análise na seleção dos recursos que serão julgados, o citado *Certiorari Act* estabeleceu alguns critérios básicos para observância pela Corte: além da relevância da questão de direito julgada em única ou última instância pelos tribunais estaduais ou federais, nessas questões deve haver divergência de entendimento entre as cortes federais de apelação sobre a mesma questão ou evidente violação processual (*error in procedendo*); divergência entre cortes estaduais de última instância ou entre estas e cortes federais de apelação, sobre relevante questão federal; e, decisão de corte estadual de última instância ou de corte de apelação que verse sobre relevante questão de direito federal ainda não discutida pela *Supreme Court*.

Existe ainda a *rule of four*, segundo a qual, para que o recurso chegue a ser apreciado, ao menos quatro dos nove juízes da *Supreme Court* devem se manifestar favoravelmente.

Não obstante, esses critérios não são capazes de afastar a regra da discricionariedade na seleção dos casos que passam pela suprema corte estadunidense.

Por fim, interessa notar que a criação do filtro ora abordado visou a alcançar a racionalização do seu papel institucional,

---

[75] "Entretanto, não se fica sabendo quem votou pelo acolhimento ou pela rejeição; menos ainda os fundamentos em que se firmou cada voto. O indeferimento do 'certiorari' não significa que a Suprema Corte entenda correta a decisão do tribunal inferior; significa pura e simplesmente que ela não se dispõe a enfrentar a questão federal suscitada, seja porque sua pauta esteja sobrecarregada, seja porque a questão não lhe pareça relevante, seja porque os fatos da causa não comportem a formulação precisa da questão, seja ainda porque a Corte deseja aguardar outros pronunciamentos de tribunais inferiores sobre o mesmo assunto, a fim de aproveitar os subsídios que eles possam trazer. Quer dizer: motivos de conveniência e oportunidade podem influir largamente no desfecho". BARBOSA MOREIRA, José Carlos. *A Suprema Corte Norte-Americana*: um modelo para o mundo?, p. 204-205.

permitindo, outrossim, que a corte pudesse concentrar seus esforços sobre os casos mais relevantes, ressaltando, de consequência, sua finalidade eminentemente pública. Não é demais dizer que a Suprema Corte americana é uma das cortes mais respeitadas do mundo por suas decisões emblemáticas e fruto de profunda discussão e fundamentação.

3.2.2. O *INTERÉS CASACIONAL* ESPANHOL

Outro interessante requisito de seleção de recursos encontrado no direito comparado, e que merece especial atenção, é o *interés casacional* espanhol. Suas características próprias poderiam ser bem aproveitadas para implementação desses filtros no Brasil, inclusive na transcendência do Recurso de Revista, que é nosso foco aqui.

Muito sinteticamente, o poder judiciário espanhol é organizado da seguinte forma: a) em primeira instância estão os *juzgados*, cuja regulamentação está prevista nos artigos 80 a 83 da LOPJ – *Ley Orgánica del Poder Judicial*; b) no papel de segunda instância ordinária, encontramos as Audiencias Provinciales; c) em nível acima estão os *Tribunales Superiores,* situados no ápice das chamadas *Comunidades Autónomas*[76]; d) o *Tribunal Supremo (TS)*, que é a corte mais alta do judiciário espanhol, excetuando-se apenas quanto às questões ligadas à violação das garantias fundamentais, que são julgadas pelo Tribunal Constitucional (TC) da Espanha.

Dentro desse contexto, o que nos cabe aqui é a análise dos recursos de casación, endereçados ao Tribunal Supremo espanhol, haja vista que um dos requisitos para que tais apelos sejam apreciados pelo TS é o *interés casacional*.

---

[76] "(…) se tratam de províncias limítrofes com características históricas, culturais e econômicas comuns, os territórios insulares e as províncias com organização regional, as quais estão autorizadas a formarem um governo próprio. [SALOMÃO, Rodrigo Cunha Mello. *A relevância da questão de direito como filtro de seleção do recurso especial*. Dissertação (Dissertação em direito) – UERJ. Rio de Janeiro, 2019, p. 100]."

Abre-se aqui um parêntese para traçar um paralelo entre a transcendência e o *interés casacional*. Embora o primeiro contenha indicadores bastante generalistas e eivados de alto subjetivismo, como veremos mais detalhadamente em capítulo próprio, o segundo consegue definir melhor e mais objetivamente o que lhe basta para que resulte preenchido.

Segundo a definição contida no artigo 477.3, da *Ley de Enjuiciamento Civil* da Espanha:

> Se considerará que un recurso presenta interés casacional cuando la sentencia recurrida se oponga a doctrina jurisprudencial del Tribunal Supremo o resuelva puntos y cuestiones sobre los que exista jurisprudencia contradictoria de las Audiencias Provinciales o aplique normas que no lleven más de cinco años en vigor, siempre que, en este último caso, no existiese doctrina jurisprudencial del Tribunal Supremo relativa a normas anteriores de igual o similar contenido. Cuando se trate de recursos de casación de los que deba conocer un Tribunal Superior de Justicia, se entenderá que también existe interés casacional cuando la sentencia recurrida se oponga a doctrina jurisprudencial o no exista dicha doctrina del Tribunal Superior sobre normas de Derecho especial de la Comunidad Autónoma correspondiente.

Além do *interés casacional*, para cabimento do recurso de *casación*, o recorrente deve ainda preencher dois outros requisitos para os quais se deve chamar atenção: (i) a tutela judicial de direitos fundamentais, e; (ii) quando o valor da causa exceder 600 mil euros.

Interessante notar o requisito atinente ao conteúdo econômico da causa. Lá, o legislador definiu objetivamente que apenas os recursos de *casación* oriundos de causas cujo valor excederem 600 mil euros podem ser objeto de apreciação do Tribunal Supremo.

Ainda que este critério seja considerado por alguns como alto ou baixo para justificar a subida do recurso, certo é que, pelo menos, algum grau de objetividade ele carrega consigo. Já aqui no Brasil, no caso da transcendência, o legislador deixou a cargo dos Ministros do TST o papel de dizer quais são as causas de "elevado valor econômico" e quais não são, derivando disso subjetividade perniciosa.

Para Marinoni[77], o *interés casacional* é caracterizado: (i) quando a decisão recorrida contraria a jurisprudência consolidada do Tribunal Supremo; (ii) quando há divergência entre os tribunais de segundo grau; e (iii) quando a decisão recorrida aplica normas que entraram em vigor há menos de cinco anos, desde que não exista jurisprudência consolidada do Tribunal Supremo a respeito de normas anteriores de conteúdo igual ou similar.

Portanto, como visto, o *interés casacional* não goza daquela discricionariedade inerente ao *writ of certiorari* americano. Porém, assim como assinalado quando, anteriormente, falamos deste último, o filtro espanhol ilustra também a função evidentemente pública e nomofilácica do TS, que é ínsita às cortes superiores[78].

Importa salientar ainda, quanto ao instituto estrangeiro em análise, que a escolha legislativa buscou atender a dois critérios distintos: um ligado ao conteúdo econômico da causa e outro que objetiva afastar a indesejada dispersão da jurisprudência.

É de se concluir que o legislador brasileiro bebeu pouco desse instituto que poderia ter servido de norte para a implementação da transcendência do recurso de revista, sobretudo pelo fato de

---

[77] MARINONI, Luiz Guilherme. *Da Corte que declara o 'sentido exato da lei' para a Corte que institui precedentes*, Revista dos Tribunais: RT, v. 103, n. 950, p. 165-198, dez. 2014.

[78] "O 'interés casacional', como se vê, objetiva permitir que o Tribunal Supremo dê unidade ao direito, impedindo a sobrevivência de decisões que lhe são contrárias e dissipando as divergências entre os tribunais de segundo grau. No caso de leis que entraram em vigor há menos de cinco anos, e não tem conteúdo igual ou semelhante a leis anteriores a cujo respeito o Tribunal Supremo já firmou jurisprudência consolidada, o recurso cassacional é admitido exatamente porque não existem as hipóteses de decisão contrária e de divergência entre tribunais". (MARINONI, Luiz Guilherme. *Da Corte que declara o "sentido exato da lei" para a Corte que institui precedentes*, Revista dos Tribunais: RT, v. 103, n. 950, p. 165-198, dez. 2014.

que a Espanha está, igualmente ao Brasil, ligada à tradição romano-germânica e, portanto, mais afinada jurídica e culturalmente a nós, enquanto nos EUA, onde buscou se inspirar, possuímos um longo caminho de distância em termos de cultura judiciária.

3.2.3. A TRANSCENDÊNCIA ARGENTINA

Na Argentina, a transcendência é requisito próprio do recurso extraordinário aviado à Suprema Corte.

Desde a introdução da Lei n. 23.774/1990, que alterou o art. 280 do CPCC[79], foi concedido à corte suprema Argentina o poder de rejeitar o recurso extraordinário por falta de relevância federal, ou quando as questões tratadas no recurso resultarem insubstanciais ou carentes de transcendência.

No entanto, tal requisito está mais próximo do filtro estadunidense antes visto, do que aquele afeto ao nosso recurso extraordinário ou mesmo à transcendência do recurso de revista, dado o poder discricionário que encerram os requisitos estrangeiros.

Aliás, como bem observou o Ministro Ives Gandra Martins Filho[80], o requisito argentino foi alcunhado de *writ of certiorari* argentino, haja vista a sua óbvia inspiração e semelhança com o filtro norte-americano, que pressupõe "a faculdade discricionária de rejeitar, sem necessidade de fundamento, os recursos extraordinários que, mesmo cumprindo todos os requisitos previstos em lei, a Suprema Corte não vislumbre questão de transcendental importância para o exame da Corte."

---

[79] Art. 280. Cuando la Corte Suprema conociere por recurso extraordinário, la recepción de la causa implicará el llamamineto de autos. La Corte, según su sana discreción y con la sola invocación de esta norma podrá rechazar el recurso extraordinario, por falta de agravio federal suficiente o cuando las cuestiones planteadas resultaren insustanciales o carentes de trascendencia.

[80] MARTINS FILHO, Ives Gandra da Silva. O critério de transcendência do recurso de revista e sua aplicação efetiva pelo TST. Rev. TST, São Paulo, vol. 84, no 3, jul/set 2018.

Importa ressaltar que atacada a constitucionalidade desse requisito no país vizinho, a Suprema Corte afastou qualquer atentado aos dispositivos constitucionais que asseguram o legítimo direito de defesa, com o fundamento de que o direito de recorrer da parte se limita à primeira e segunda instâncias recursais, não se justificando uma terceira instância recursal obrigatória.

3.3. FILTROS DE SELEÇÃO DE RECURSOS EXISTENTES NO BRASIL

Embora desnecessário dizer, os filtros recursais têm o condão, sobretudo, de inibir a numerosa enxurrada de recursos levados aos tribunais superiores e, de outro modo, permitir que estas cortes se debrucem sobre o que é mais relevante para a conservação da unidade do direito nacional.

Nesse diapasão, dada a elevadíssima quantidade de causas remetidas ao Supremo Tribunal, desde a década de 60, com a Emenda Constitucional n. 01/1969 que o poder constituinte vem introduzindo mecanismos voltados a solucionar esse problema, mas foi somente na década de 80 que, de fato, foi criado o instituto da Arguição de Relevância da questão federal, no âmbito da nossa corte excelsa. No entanto, pouco ela durou, como veremos.

Mais tarde foi instituída a ainda hoje chamada Repercussão Geral, que figura como o principal filtro de seleção de recursos existente no ordenamento jurídico brasileiro, e que, vale lembrar, trouxe a reboque a transcendência do recurso de revista, que valerá profunda análise no capítulo vindouro.

3.3.1. A EXTINTA ARGUIÇÃO DE RELEVÂNCIA

A arguição de relevância foi o primeiro mecanismo com intuito de selecionar os recursos a serem conhecidos pela Suprema Corte no Brasil.

A Emenda Constitucional n. 07/1977 modificando do art. 119, §1º, da Constituição Federal Brasileira de 1967, incluiu finalmente o termo "relevância da questão federal" como fator exigido para conhecimento do recurso extraordinário. Todavia, a sua regulamentação deveria se dar por meio do regimento interno da Suprema Corte.

E assim foi feito. Em 1985 foi editada a Emenda Regimental n. 02/1985, e o art. 325 do regimento interno do STF[81] passou a estabelecer expressamente as hipóteses de cabimento do recurso extraordinário e, em seu inciso XI, prescreveu que seriam cabíveis os recursos que, não inseridos nas hipóteses mencionadas, "quando reconhecida a relevância da questão federal".

Osmar Paixão Côrtes[82] explicando esse novo requisito, asseverou:

> Para aferir se a questão era ou não relevante, à época, criou-se a chamada 'arguição de relevância da questão federal', suprimida pela atual constituição (...). A questão federal era tida como relevante, nos termos do art. 327 do RISTF, quando, pelos reflexos na ordem jurídica, e considerando os aspectos morais, econômicos, políticos ou sociais da causa, exigisse a apreciação do recurso

---

[81] RISTF. Redação conferida pela E.R. n.º 2/85.

Art. 325. Nas hipóteses das alíneas "a" e "d" do inciso III do art. 119 da Constituição Federal, cabe recurso extraordinário:

I. nos casos de ofensa à Constituição Federal;

II. nos casos de divergência com a Súmula do Supremo Tribunal Federal;

III. nos processos por crime a que seja cominada pena de reclusão;

IV. nas revisões criminais dos processos de que trata o inciso anterior;

V. nas ações relativas à nacionalidade e aos direitos políticos;

VI. nos mandados de segurança julgados originariamente por Tribunal Federal ou Estadual, em matéria de mérito;

VII. nas ações populares;

VIII. nas ações relativas ao exercício de mandato eletivo federal, estadual ou municipal, bem como às garantias da magistratura;

IX. nas ações relativas ao estado das pessoas, em matéria de mérito;

X. nas ações rescisórias, quando julgadas procedentes em questão de direito material;

XI. em todos os demais feitos, *quando reconhecida a relevância da questão federal*. *(grifos acrescidos)*

[82] CÔRTES, Osmar Paixão. VER ANTERIOR. p. 90-91

extraordinário. Era examinada na sessão do Conselho, no Supremo Tribunal Federal, previamente ao recurso propriamente dito.

Importante mencionar que nessa época ainda não havia sido criado o Superior Tribunal de Justiça, cuja gênese se deu com a Constituição de 1988. Assim sendo, cabia ainda ao Supremo Tribunal Federal, zelar pela higidez e uniformidade do ordenamento jurídico-constitucional e infraconstitucional brasileiro.

Demais disso, há que se ressaltar ainda, que esse filtro tinha enorme influência do *writ of certiorari* norte-americano, tanto é que a análise da relevância da questão federal se dava em sessão secreta de Conselho, e a decisão irrecorrível exarada estava dispensada de fundamentação.[83]

Outra característica nitidamente inspirada no filtro estadunidense foi a regra dos quatro, em que o reconhecimento da relevância deveria ser manifestado por, pelo menos, quatro ministros.

Há que se ressaltar que não bastava o reconhecimento da relevância para que o recurso fosse conhecido, pois havia ainda a necessidade de preenchimento dos demais pressupostos de admissibilidade. Aqui identificamos grande semelhança com a transcendência, que, segundo a regra legal, exige que o TST faça a análise da transcendência e, sendo esta verificada, passa-se à verificação dos demais pressupostos, o que, no entender de parte da doutrina, gera indesejado retrabalho.

A Arguição de Relevância, porém, somente vigorou até a Constituição Federal de 1988, que, tendo criado o Superior Tribunal de Justiça, a quem passou a competência para proteção contra violação do direito infraconstitucional, a extinguiu, não fazendo qualquer menção a ela em seu novo texto.

---

[83] SAMPAIO, Patrícia Maria Santana. *TRANSCENDÊNCIA COMO MECANISMO DE FILTRO RECURSAL*: O REPENSAR DO PAPEL DO TRIBUNAL SUPERIOR DO TRABALHO. Orientador: Osmar Mendes Paixão Côrtes. 2020. 72 p. Dissertação de mestrado (Mestre em Direito) - Instituto Brasiliense de Direito Público, Brasília, 2020. Disponível em: https://repositorio.idp.edu.br/bitstream/123456789/2948/1/Disserta%C3%A7%C3%A3o_%20PATR%C3%8DCIA%20MARIA%20SANTANA%20SAMPAIO_MESTRADO%20EM%20DIREITO_2020.pdf. Acesso em: 18 ago. 2021. p.37

Analisando o instituto, o Professor Ives Gandra Martins Filho[84], muito bem asseverou:

> Das mais de 30.000 arguições de relevância apreciadas pelo STF durante o período de funcionamento do sistema, o Pretório Excelso não acolheu mais de 5%, sendo que 20% deixaram de ser conhecidas por deficiência de instrumentação e 75% foram rejeitadas. A discricionariedade no processo de seleção, aliada ao reduzidíssimo número de argüições acolhidas, contribuiu para que a classe dos advogados se opusesse ao sistema, esperando contar com maior número de recursos para prosseguir litigando, quando vencidos.

Rodrigo Cunha Mello Salomão, em sua dissertação de mestrado[85], propõe a implementação da arguição de relevância no âmbito do Superior Tribunal de Justiça. Essa ferramenta, combinada com os repetitivos, contribuiria para uma redução e qualificação dos julgados dessa Corte.

Refere ele, ainda, que está em trâmite Proposta de Emenda à Constituição sob nº 209/2012, com o intuito de colocar a relevância da questão de direito como critério de seleção do recurso especial. Inicialmente, seria acrescentado o parágrafo 5º ao art. 101 da Constituição, no seguinte sentido:

> "No recurso especial, o recorrente deverá demonstrar a relevância das questões de direito federal infraconstitucional discutidas no caso, nos termos da lei, a fim de que o Tribunal examine a admissão do recurso, somente podendo recusá-lo pela manifestação de dois terços dos membros do órgão competente para o julgamento"

Durante a tramitação na Câmara dos Deputados, propôs-se o acréscimo de 7 parágrafos ao art. 105 da CRFB. Eles tinham objetivo delinear a relevância, estabelecendo quórum para admissão, prazo e casos que ela seria presumida. Entretanto, o Plenário da Câmara rejeitou as alterações e aprovou a PEC com a redação original.

---

[84] MARTINS FILHO, Ives Gandra. 2019, p. 2.

[85] SALOMÃO, Rodrigo Cunha Mello. *A relevância da questão de direito como filtro de seleção do recurso especial*. Dissertação de Mestrado em Direito Processual, Faculdade de Direito, Universidade do Estado do Rio de Janeiro, Rio de Janeiro, 2019.

Em seguida, encaminhou-se a proposta ao Senado, no qual foi aprovada com mudanças. A título ilustrativo, confira-se o teor da proposta aprovada pelos senadores e, quando se escreve esta dissertação, devolvida à Câmara:

> Art. 1º O art. 105 da Constituição Federal passa a vigorar acrescido dos seguintes §§ 1o e 2o, numerando-se o atual parágrafo único como § 3º:
> "Art. 105
> § 1º No recurso especial, o recorrente deve demonstrar a relevância das questões de direito federal infraconstitucional discutidas no caso, nos termos da lei, a fim de que o Tribunal examine a admissão do recurso, somente podendo não o conhecer por esse motivo pela manifestação de 2/3 (dois terços) dos membros do órgão competente para o julgamento.
> § 2º Haverá a relevância de que trata o § Io nos seguintes casos:
> I - ações penais;
> II - ações de improbidade administrativa;
> III - ações cujo valor de causa ultrapasse 500 (quinhentos) salários- mínimos;
> IV - ações que possam gerar inelegibilidade;
> V - hipóteses em que o acórdão recorrido contrariar jurisprudência dominante do Superior Tribunal de Justiça;
> VI - outras hipóteses previstas em lei.
> § 3º (antigo parágrafo único)
> "(NR)
> Art. 2º A relevância será exigida nos recursos especiais interpostos após aentrada em vigor da presente Emenda Constitucional, oportunidade em que a parte poderá atualizar o valor da causa para os fins de que trata o art. 105, § 2o, inciso III, da Constituição Federal.
> Art. 3º Esta Emenda Constitucional entra em vigor na data de sua publicação.

Salomão salienta que a inserção do critério econômico suscita debates na doutrina, havendo quem veja nele violação à isonomia e quem defenda uma proteção, embora secundária, ao direito individual dos litigantes[86]. Para o autor citado, a fixação

---

[86] SALOMÃO, Rodrigo Cunha Mello. *A relevância da questão de direito como filtro de seleção do recurso especial*. Dissertação de Mestrado em Direito Processual, Faculdade de Direito, Universidade do Estado do Rio de Janeiro, Rio de Janeiro, 2019.

de critérios objetivos é desejável pelo fato de que o STJ delibera sobre questões menos politizadas, diferentemente do STF.

Abrir-se-ia, no bojo das razões recursais, capítulo dedicado à demonstração de que a causa envolve valor excedente àquele fixado pela lei. Isso aproveitaria àquelas ações que não envolvem condenação ou proveito econômico de valor certo e líquido. O jurista cita, ainda, como exemplos de questões com relevância presumida, ações penais e processos que possam acarretar a inelegibilidade da parte.

Ressalta ele a necessidade da edição superveniente de lei regulamentadora, tanto para detalhamento do conceito de relevância, quanto para previsões de procedimento ou de consequências dentro do sistema de precedentes. Da decisão que inadmitiu a relevância. Por fim, não se admitiria recurso ao STF da decisão que não reconhecesse a relevância, salvo se cabível recurso extraordinário no mérito.

Salomão entende ser perfeitamente aplicáveis à relevância a demonstração da repercussão econômica, política, social ou jurídica, bem como da transcendência aos interesses subjetivos da causa. Enfatiza-se, assim, o caráter dialógico do sistema, pois o STJ, na seleção das questões, escolhe aquelas de resolução mais urgente para a sociedade[87].

3.3.2. A RELEVÂNCIA DA QUESTÃO FEDERAL NO RECURSO ESPECIAL

A Proposta de Emenda à Constituição 209/2012, após a conclusão do trâmite legislativo, transformou-se na Emenda Constitucional nº 125/2022. As alterações realizadas no art. 105 introduzem novo requisito ao recurso especial: a relevância das questões de direito federal infraconstitucional.

---

[87] SALOMÃO, Rodrigo Cunha Mello. *A relevância da questão de direito como filtro de seleção do recurso especial*. Dissertação de Mestrado em Direito Processual, Faculdade de Direito, Universidade do Estado do Rio de Janeiro, Rio de Janeiro, 2019.

De forma semelhante à repercussão geral no recurso extraordinário[88], foi colocado um quórum de 2/3 (dois terços) do órgão competente para que não se conheça do REsp (art. 105, §2º, da CF com a redação dada pela EC nº 125/2022). Nesse caso, pode tratar-se de uma turma, de uma seção ou da Corte Especial. O parágrafo terceiro do art. 105 estabelece aqueles casos em que haverá a relevância presumida, a saber: ações penais (inciso I); ações de improbidade administrativa (inciso II); ações cujo valor da causa ultrapasse 500 (quinhentos) salários-mínimos (inciso III); ações que possam gerar inelegibilidade (inciso IV); hipóteses em que o acórdão recorrido contrariar jurisprudência dominante do Superior Tribunal de Justiça (inciso V); outras hipóteses previstas em lei (inciso VI).

Trata-se de casos relativos a direitos fundamentais e à reafirmação da jurisprudência do Superior Tribunal de Justiça. São casos em que o legislador entendeu importante facilitar o caminho até o julgamento de mérito exauriente[89]. Além disso, outro debate surgiu na doutrina, pois o artigo 2º da EC nº125/2022 diz que:

> A relevância de que trata o § 2º do art. 105 da Constituição Federal será exigida nos recursos especiais interpostos após a entrada em vigor desta Emenda Constitucional, ocasião em que a parte poderá atualizar o valor da causa para os fins de que trata o inciso III do § 3º do referido artigo.

Diante da previsão acima, levantou-se o problema do marco temporal para que o STJ viesse a exigir a demonstração da relevância. Seria ele a data da promulgação da emenda ou a da edição da lei regulamentando o filtro? Novamente, o paralelo com a repercussão geral no recurso extraordinário fornece algumas diretrizes para a implementação do instituto em comento.

---

[88] SALOMÃO, Rodrigo da Cunha Mello; BRAGANÇA, Fernanda; BRAGA, Renata. A lógica da seleção de recursos e a Emenda Constitucional 125 de 2022. Disponível em: https://www.conjur.com.br/2022-ago-29/opiniao-logica-selecao-recursos-ec-125. Acesso em 1 nov 2022.

[89] Idem.

Maíra de Carvalho Pereira Mesquita relembra que a exigência de demonstração da repercussão geral do recurso extraordinário se deu apenas quando foi editada a Lei n° 11.418/2006 e a Emenda Regimental n° 21/2007. Pela similaridade com a relevância da questão federal, não haveria razões para não aplicar a esta o mesmo raciocínio[90]. A tendência é de que o requisito da relevância acompanhe a repercussão também no âmbito legal, permitindo a negativa de seguimento a recurso especial que discuta questão federal à qual o STJ não tenha reconhecido a existência de relevância ou a REsp interposto contra acórdão que esteja em conformidade com entendimento do STJ exarado com base na inovação introduzida pela EC n° 125/2022. Dessa forma, espera-se reduzir o volume de agravos em recurso especial endereçados à Corte superior em comento[91].

Porém, como as considerações acima não passam de prognósticos, a autora defende que, em respeito ao devido processo legal e à segurança jurídica, o requisito só deva ser obrigatório após as alterações legais e regimentais atinentes à matéria. Ela ainda faz referência a duas decisões monocráticas do Min. Ricardo Villas Bôas Cueva (*AgInt no AREsp 2.095.488 e AgInt no AREsp 2.097.823*) nas quais o julgador assinala a não aplicação do filtro da relevância, uma vez que os recursos foram interpostos antes da entrada em vigor da Emenda Constitucional n° 125[92].

Leonardo Carneiro da Cunha entende que o STJ só poderá inadmitir recurso especial por falta de relevância quando houver lei regulamentadora[93]. Aponta que, se são ausentes as

---

[90] MESQUITA, Maíra de Carvalho Pereira. *É preciso demonstrar a relevância no recurso especial agora?* Disponível em: https://www.conjur.com.br/2022-ago-25/maira-mesquita-preciso-demonstrar-relevancia-resp-agora#_ftnref3Esp agora?. Acesso em: 1 nov 2022.

[91] Idem.

[92] Ibidem.

[93] CUNHA, Leonardo Carneiro da. *Reflexões sobre a relevância das questões de direito federal em recurso especial.* Disponível em: https://www.conjur.com.br/2022-jul-23/carneiro-cunha-relevancia-questoes-direito-federal-resp. Acesso em: 1 nov 2022.

diretrizes a serem observadas, não existe para o recorrente o ônus argumentativo. À lei cabe exatamente trazer essas balizas. Traz à baila precedente do STF[94], cujo entendimento foi de que:

> "a exigência da demonstração formal e fundamentada, no recurso extraordinário, da repercussão geral das questões constitucionais discutidas só incide quando a intimação do acórdão recorrido tenha ocorrido a partir de 03 de maio de 2007, data da publicação da Emenda Regimental n. 21, de 30 de abril de 2007"

É importante ressaltar que a necessidade de demonstrar o novel requisito só valerá para as decisões proferidas após a entrada em vigor da regulamentação. A parte tem um direito adquirido que não pode ser prejudicado pela legislação superveniente[95]. Entretanto, há entendimento contrário na doutrina, ao argumento de que não existe direito adquirido em face de norma constitucional[96].

Daniel Mitidiero entende que é possível a aplicabilidade imediata e total da EC nº 125/2022 sem prejuízo de regulação legal posterior. Nesse ínterim, o instituto seria implementado seja pelo recurso à analogia com o rito da repercussão geral seja com a disciplina da matéria pelo Regimento Interno do STJ[97].

No mais, de *lege ferenda*, é defeso à legislação presumir a não relevância de questões federais. Isso porque referido juízo é de competência da Corte Superior de Justiça [98]. Por

---

[94] STF, Pleno, AI 664.567 QO, rel. Min. Sepúlveda Pertence, DJe 6.9.2007

[95] CUNHA, Leonardo Carneiro da. Relevância das questões de direito federal em recurso especial e direito intertemporal. Disponível em: https://www.conjur.com.br/2022-jul-16/cunha-direito-federal-recurso-especial-direito-intertemporal. Acesso em: 1 nov 2022.

[96] THEODORO JÚNIOR, Humberto. *O recurso especial e a relevância da questão jurídica discutida (EC 125/22)*. Disponível em: https://www.migalhas.com.br/depeso/375153/o-recurso-especial-e-a-relevancia-da-questao-juridica-discutida. Acesso em: 1 nov 2022.

[97] MITIDIERO, Daniel. *Relevância no recurso especial*. 1. ed. - São Paulo: Thomson Reuters Brasil, 2022.

[98] CUNHA, Leonardo Carneiro da. *Reflexões sobre a relevância das questões de direito federal em recurso especial*. Disponível em: https://www.con-

outro lado, é possível estabelecer hipóteses de relevância presumida, como já o fez o constituinte derivado.

O critério para tanto poderá ser temático ou procedimental. Cunha sugere que a lei regulamentadora esclareça o conceito de "jurisprudência dominante". Melhor será que se substitua tal expressão pelos casos presentes nos incisos III a V do art. 927 do Código de Processo Civil[99]. Enfatiza a impossibilidade de o relator decidir monocraticamente sobre a questão, de modo que o quórum de 2/3 deve ser observado. Uma vez decidida a relevância ou não da matéria, estaria o relator autorizado a inadmitir o REsp pela falta de relevância monocraticamente[100]. Conclui afirmando a necessidade de se prever o cabimento da interposição de embargos de divergência quando as turmas discordarem a propósito da relevância de determinada questão federal[101].

Georges Abboud e Matthäus Kroschinsky[102], por sua vez, são de opinião que a desistência do recorrente afetará o julgamento do recurso especial tido por relevante, ante a ausência de previsão legal em sentido contrário. Acentuam a imprecisão do termo jurisprudência dominante e apontam como parâmetro o art. 927 do CPC, além de referir possíveis novas hipóteses de presunção de relevância, como a tutela dos direitos fundamentais e temas de interesse regulatório.

---

jur.com.br/2022-jul-23/carneiro-cunha-relevancia-questoes-direito-federal-resp. Acesso em: 1 nov 2022.

99 Idem.

100 Ibidem.

101 Ibidem.

102 ABBOUD, Georges. KROSCHINKSY, Matthäeus. Notas sobre a nova arguição de relevância em recurso especial. Disponível em: https://www.conjur.com.br/2022-jul-20/abboud-kroschinsky-arguicao-relevancia-resp#_ftnref. Acesso em: 1 nov 2022.

José Miguel Garcia Medina[103] chama a atenção para o papel que os tribunais de justiça e os tribunais regionais federais passarão a ter após a EC n°125/2022. Será deles a palavra final nas questões em que o STJ não vislumbrar relevância. Tal fim será realizado com a provável instituição de regra semelhante ao artigo 1.030, *caput*, I, *a* e § 2.º do CPC/2015[104]. Nesse ponto, Abboud e Kroschinsky têm por necessária uma revisão do entendimento do STJ a respeito do cabimento de reclamação na sua esfera de competência[105].

José Henrique Mouta[106] entende apenas o §3º do art. 105 da Constituição Federal, o qual cuida das hipóteses de relevância presumida, seria de aplicabilidade imediata. Nos de-

---

103 MEDINA, José Miguel Garcia. *Um novo recurso especial, um novo Superior Tribunal de Justiça*. Disponível em: https://www.conjur.com.br/2022-ago-10/processo-novoum-recurso-especial-superior-tribunal-justica?s=08#_ftnref. Acesso em: 1 nov 2022.

104 Art. 1.030. Recebida a petição do recurso pela secretaria do tribunal, o recorrido será intimado para apresentar contrarrazões no prazo de 15 (quinze) dias, findo o qual os autos serão conclusos ao presidente ou ao vice-presidente do tribunal recorrido, que deverá:

I – negar seguimento:

a) a recurso extraordinário que discuta questão constitucional à qual o Supremo Tribunal Federal não tenha reconhecido a existência de repercussão geral ou a recurso extraordinário interposto contra acórdão que esteja em conformidade com entendimento do Supremo Tribunal Federal exarado no regime de repercussão geral;

(...)

§ 2º Da decisão proferida com fundamento nos incisos I e III caberá agravo interno, nos termos do art. 1.021

105 ABBOUD, Georges. KROSCHINKSY, Matthäeus. *Notas sobre a nova arguição de relevância em recurso especial*. Disponível em: https://www.conjur.com.br/2022-jul-20/abboud-kroschinsky-arguicao-relevancia-resp#_ftnref. Acesso em: 1 nov 2022.

106 MOUTA, José Henrique. *Relevância da questão federal no recurso especial:* observações acerca da EC 125. Disponível em: https://www.migalhas.com.br/depeso/370139/relevancia-da-questao-federal-no-recurso-especial. Acesso em: 1 nov 2022.

mais casos, deve-se aguardar a lei regulamentadora. Àqueles que interpusessem recursos especiais cumpriria abrir um tópico específico para demonstrar que o seu caso está contido nas hipóteses de presunção de relevância. Mouta anota que caberia distinguir as ações penais decorrentes de infrações de menor potencial ofensivo, as ações de improbidade e aquelas de que pode resultar inelegibilidade. Diz que seria preferível o uso de expressões como *condenação, proveito econômico e valor atualizado da causa*, em vez *valor da causa*, pura e simplesmente[107]. Há ações de baixo valor da causa, mas cuja condenação pode ultrapassar o piso constitucional. O autor também alerta para a importância de a regulação futura abranger temas como a suspensão dos processos que tratem de tema semelhante e intervenção de terceiros, por exemplo[108].

O Superior Tribunal de Justiça, no dia 19 de outubro de 2022, aprovou o Enunciado Administrativo n°8 que somente obriga à indicação da relevância da questão de direito federal infraconstitucional após a data de entrada em vigor a lei regulamentadora a que alude o art. 105, §2°, da Constituição Federal[109].

Osmar Mendes Paixão Côrtes[110], após passar em revista a evolução da repercussão geral e da transcendência, afirma que a relevância tende a se afirmar como um instrumento do microssistema objetivo de demandas repetitivas. Uma vez

---

[107] Idem.

[108] Ibidem.

[109] BRASIL. Superior Tribunal de Justiça. Critério de relevância do recurso especial só será exigido após vigência da futura lei regulamentadora. Disponível em: https://www.stj.jus.br/sites/portalp/Paginas/Comunicacao/Noticias/2022/19102022-Criterio-de-relevancia-do-curso-especial-so-sera-exigido-apos-vigencia-da-futura-lei-regulamentadora.aspx. Acesso em: 1 nov 2022.

[110] CÔRTES, Oscar Mendes Paixão. *A relevância da questão de direito federal no recurso especial será um filtro individual?* Disponível em: https://www.migalhas.com.br/arquivos/2022/7/EA7C8AB8F585E0_RELEVANCIADAQUESTAODEDIREITOFE.pdf. Acesso em: 1 nov 2022, p.19.

fixada e resolvida a questão relevante pelo STJ, os tribunais de justiça e os tribunais regionais federais poderão negar seguimento aos recursos contrários e prover de plano aqueles que convergirem com o precedente firmado.

Humberto Theodoro Júnior[111] adverte para uma diferença importante entre a relevância e a repercussão geral. Enquanto nesta é sempre exigida a transcendência da questão ventilada nos autos, naquela nem sempre isso será necessário, uma vez que o próprio texto constitucional presume relevantes ações cujo valor da causa ultrapasse 500 (quinhentos) salários-mínimos.

Evidencia-se o desejo do legislador de transformar o STJ numa Corte Suprema, não mais ocupada precipuamente com o controle de legalidade das decisões de instâncias ordinárias, mas voltada para a uniformização da interpretação do direito federal infraconstitucional[112].

3.3.3. A REPERCUSSÃO GERAL

Extinta a arguição de relevância pela Constituição Federal de 1988, que veio também a criar o Superior Tribunal de Justiça, resta atualmente, como filtro de recursos no Brasil, apenas a repercussão geral em sede do recurso extraordinário ao STF, criada através da edição da Emenda Constitucional 45/2004, a chamada Reforma Judiciária.

Não está errado dizer, como propõe Barbosa Moreira, que com a criação da repercussão geral "se ressuscitou, de certo modo, mas em termos diferentes, a antiga 'arguição de relevância de questão federal', que a Corte Suprema, no exercício

---

[111] THEODORO JÚNIOR, Humberto. *O recurso especial e a relevância da questão jurídica discutida (EC 125/22).* Disponível em: https://www.migalhas.com.br/depeso/375153/o-recurso-especial-e-a-relevancia-da-questao-juridica-discutida. Acesso em: 1 nov 2022.

[112] MITIDIERO, Daniel. *Relevância no recurso especial.* 1. ed. - São Paulo: Thomson Reuters Brasil, 2022.

do poder então constitucionalmente previsto, regulava em seu Regimento Interno".[113]

É possível também dizer, defende Osmar Paixão Côrtes[114], que os dois institutos guardam certa semelhança, apesar das notórias diferenças:

> É, portanto, a possibilidade de "filtragem" de processos sem maior relevância, que não põem em xeque o princípio federativo e a guarda da Constituição, a força motora que levou à criação dos dois instrumentos – a antiga "arguição de relevância" e a atual "repercussão geral". Há, de fato, semelhanças técnicas como a demonstração prévia ao preenchimento dos requisitos, da importância da questão que justificaria a apreciação pelo Supremo Tribunal Federal. Mas há, todavia, diferenças. A "arguição" inseria-se num sistema onde a regra seria o não-exame pelo Supremo Tribunal Federal (§1º, do artigo 119), nas hipóteses das alíneas *a* (violação) e *d* (divergência). Na atual "repercussão", cria-se apenas um pré-requisito (a demonstração da repercussão geral das questões constitucionais), sem nenhuma disposição no sentido de que o Tribunal indicará as causas excepcionais que serão apreciadas e sem referência a uma ou outra alínea específica. Ademais, o atual §3º não remete ao Regimento Interno do Supremo Tribunal Federal a indicação das causas que serão examinadas. Apenas a lei poderá regulamentar os detalhes da repercussão.

A referida Emenda Constitucional introduziu o §3º ao art. 102 da Constituição Federal, que dispõe:

> No recurso extraordinário o recorrente deverá demonstrar a repercussão geral das questões constitucionais discutidas no caso, nos termos da lei, a fim de que o Tribunal examine a admissão do recurso, somente podendo recusá-lo pela manifestação de dois terços de seus membros.

Nota-se, portanto, que a regra constitucional delegou à lei ordinária a função de regulamentação do instituto, o que veio

---

[113] BARBOSA MOREIRA, José Carlos. *Comentários ao Código de Processo Civil*. Vol. V, 17. ed. Rio de Janeiro: Editora Forense, 2012, p. 584.

[114] CÔRTES, Osmar Mendes Paixão. *Recurso Extraordinário*: origem e desenvolvimento no direito brasileiro, Rio de Janeiro: Forense, 2006, p. 259-260.

a ser feito, inicialmente, pela Lei n. 11.418/2006, com a introdução dos art. 543-A e 543-B ao Código de Processo Civil, e, atualmente, tal regulamentação é definida pelo art. 1.035, §1º, do CPC de 2015[115].

Nesse ponto, é inevitável perceber-se a similitude entre a regra observada para a repercussão geral e para a transcendência do recurso de revista. Ambas as normas que os regulamentam, definiram como causas que justificam o julgamento do recurso pelo STF, no caso da repercussão geral e pelo TST, na transcendência, aquelas que, ultrapassando os limites subjetivos da demanda, demonstrem relevância do ponto de vista econômico, social, político ou jurídico.

A crítica quanto à subjetividade dos conceitos jurídicos de econômica, política, social e jurídica subsiste no âmbito dos dois institutos, muito embora no caso da transcendência o legislador tenha dito, superficialmente, do que se trata cada uma delas. No entanto, não foi suficiente para resolver o problema da subjetividade.

Na repercussão geral, pelo menos, o legislador buscou compensar esse problema impondo o quórum mínimo de 2/3 dos membros da suprema corte para acolhimento ou rejeição do recurso[116]. Já na transcendência, o próprio relator, em decisão

---

[115] Art. 1.035. O Supremo Tribunal Federal, em decisão irrecorrível, não conhecerá do recurso extraordinário quando a questão constitucional nele versada não tiver repercussão geral, nos termos deste artigo.

§1º Para efeito de repercussão geral, será considerada a existência ou não de questões relevantes do ponto de vista econômico, político, social ou jurídico que ultrapassem os interesses subjetivos do processo.

[116] "A recusa do recurso extraordinário, porque ausente a repercussão geral, pela elevada maioria de dois terços é saudável, porquanto procura que esteja subjacente a essa recusa um alto grau de certeza e de segurança, compensatórias – diga-se assim – da circunstância de a repercussão geral constituir-se num conceito vago, propiciando a sua interpretação e aplicação menor certeza e menos segurança. Esse quórum 'prudencial' coincide substancialmente com os do Direito alemão (§ 554b, 2, do Código de Processo Civil alemão, hoje revogado) e norte-americano." (ARRUDA ALVIM, José Manuel. A alta função jurisdicional do Superior

unipessoal, pode rejeitar o conhecimento do recurso, o que, ao nosso entender é bastante grave, visto que, inclusive, em sede de Agravo de Instrumento, essa decisão é irrecorrível.

Nesse sentido, explica Bruno Dantas[117]:

> No caso da Repercussão Geral, o fato é que estamos diante de um conceito jurídico indeterminado que encerra restrição a recurso de estatura constitucional. Dada sua indeterminação conceitual – que necessariamente envolve um elevado teor de subjetividade na aplicação in concreto –, o elevado *quorum* serve como 'elemento compensador' da natural redução da previsibilidade, especialmente se cotejado com um conceito minucioso. Dessarte, ao exigir *quorum* qualificadíssimo, o constituinte derivado acenou à sociedade que a regra continuar a ser o cabimento do RE. A exceção é a inadmissibilidade, e ela só ocorrerá, nesse caso, quando estiver claro, para ao menos oito ministros, que a questão constitucional em debate tem como pano de fundo exclusivamente a irresignação do recorrente com o resultado desfavorável, sem qualquer perspectiva de o julgamento ali pronunciado servir para além dos limites estritamente subjetivos das duas partes.

Evidente que ambos os requisitos em questão – que preferimos aqui chamar de filtros, dadas as suas raízes de seleção de recursos –, foram criados para combater o inchaço das cortes superiores, que mal podem se debruçar sobre os processos mais importantes para a sociedade e para a manutenção do Estado de Direito.

Além disso, não se pode negar que tais filtros ressaltam a função pública e nomofilácica dessas cortes, que como já visto, guardam o papel precípuo de uniformizar as decisões dos tribunais de base e manter hígido o ordenamento jurídico do país.[118]

Tribunal de Justiça no âmbito do recurso especial e a relevância das questões, in *STJ 10 anos*: obra comemorativa 1989-1999, Brasília, Superior Tribunal de Justiça, 1999. p. 303/304)

[117] DANTAS, Bruno. *Repercussão Geral*: perspectivas histórica, dogmática e de direito comparado – questões processuais. São Paulo: Editora Revista dos Tribunais, 2018, p. 233.

[118] Aprovando a reintrodução de um filtro de acesso ao STF, Teresa Arruda Alvim assim asseverou: "Vejo com bons olhos a reintrodução no ordena-

Por outro lado, vale notar que a criação da repercussão geral serviu também "para a objetivação do recurso extraordinário, no que tange à formação de precedentes obrigatórios em controle difuso de constitucionalidade".[119]

O resultado, porém, não é satisfatório. Embora o número de recursos julgados pela suprema corte venha diminuindo nos últimos anos, a quantidade ainda é muito alta. "É totalmente inconcebível que 11 magistrados julguem mais de cem mil processos em um único ano, sem que haja qualquer prejuízo à qualidade da tutela jurisdicional."[120]

É nítido que a repercussão geral, vem, desde a sua incorporação ao ordenamento jurídico pela EC n. 45/2004, evoluindo

---

mento jurídico brasileiro, mais especificamente no sistema recursal, da figura da repercussão geral. Trata-se indubitavelmente de figura que tende a reconduzir o Supremo Tribunal Federal à sua verdadeira função, que é a de proferir decisões sobre o direito objetivo – no que diz respeito à sua eficácia, à sua inteireza e à uniformidade de sua interpretação – em matéria constitucional, quando os temas trazidos à discussão tenham relevância para a Nação". (ALVIM, Teresa Arruda. Repercussão geral, in: Revista do Instituto dos Advogados de São Paulo 19 (2007), p. 368). Também nessa linha, afirma Guilherme Kronemberg Hartmann: "o STF não constitui uma mera corte de revisão. Assim é que o recurso extraordinário nunca teve o desiderato último de proporcionar uma terceira (ou quarta) instância revisora de uma eventual injustiça ocorrida nas instâncias ordinárias, pelo contrário, sua finalidade tem delineamentos políticos, permitindo a Corte Suprema outorgar unidade ao direito constitucional, em proteção aos seus preceitos". HARTMANN, Guilherme Kronemberg. *Apontamentos sobre a repercussão geral do recurso extraordinário*, Revista Eletrônica de Direito Processual – REDP, Volume V, n. 5 (2010), p. 313.

119 SAMPAIO, Patrícia Maria Santana. *TRANSCENDÊNCIA COMO MECANISMO DE FILTRO RECURSAL*: O REPENSAR DO PAPEL DO TRIBUNAL SUPERIOR DO TRABALHO. Orientador: Osmar Mendes Paixão Côrtes. 2020. 72 p. Dissertação de mestrado (Mestre em Direito) - Instituto Brasiliense de Direito Público, Brasília, 2020. Disponível em: https://repositorio.idp.edu.br/bitstream/123456789/2948/1/Disserta%C3%A7%C3%A3o_%20PATR%C3%8DCIA%20MARIA%20SANTANA%20SAMPAIO_MESTRADO%20EM%20DIREITO_2020.pdf. Acesso em: 18 ago. 2021. p.41

120 SALOMÃO, p. 126.

e, atualmente, é processada em conjunto com a técnica de julgamento de casos repetitivos, de modo que se definem os recursos representativos da controvérsia, ficando os demais casos suspensos até o julgamento da questão afetada.

Como filtro recursal, na perfeita concepção pela qual foi criada, a repercussão geral ainda precisa passar por ajustes a fim de alcançar o sucesso desejado. Não à toa o Código de Processo Civil de 2015 implementou uma série de mudanças no procedimento da repercussão geral e que hoje já permite observar os seus positivos efeitos.

A transcendência veio a lume com o intuito de filtrar os recursos de revista que chegavam ao conhecimento do Tribunal Superior do Trabalho. A morosidade do Poder Judiciário, somada aos conflitos entre decisões das diferentes instâncias, levou o Legislativo a regulamentar a transcendência.

Inserta em uma lei que tencionou combater o ativismo judiciário, pode-se afirmar os parágrafos acrescentados ao art. 896-A da CLT contrariam o propósito reformista. Basta referir o §1º que, com a expressão *entre outros*, deu carta branca ao relator e às turmas para inadmitir recursos de revista segundo seu alvedrio. O §5º, felizmente declarado inconstitucional, também representa esse descompasso com as disposições atinentes ao direito substantivo.

Decisões monocráticas, não obstante úteis no quotidiano dos tribunais, devem fundar-se numa motivação razoável para tanto. Veja-se o exemplo do art. 932 do Código de Processo Civil. Seus incisos IV e V autorizam o julgamento singular desde que haja: a) súmula do Supremo Tribunal Federal, do Superior Tribunal de Justiça ou do próprio tribunal; b) acórdão proferido pelo Supremo Tribunal Federal ou pelo Superior Tribunal de Justiça em julgamento de recursos repetitivos; c) entendimento firmado em incidente de resolução de demandas repetitivas ou de assunção de competência.

Os quatro indicadores da transcendência já supririam a missão atribuída pelo Parlamento, já que se assemelham aos da repercussão geral. A inserção do trecho *entre outros* no art. 896-A, §1º, da CLT só contribui para o acirramento dos debates doutrinários e jurisprudenciais, e não para a segurança jurídica.

Acertadamente, Freire e Silva (2019) critica a importação de institutos típicos de outros, com cultura jurídica, realidade econômica, política e social diferentes da brasileira. Ademais, aderiu-se a perigoso subjetivismo, incompatível com um Estado democrático de direito, no qual todas as decisões judiciais devem ser fundamentadas por critérios minimamente objetivos.

Somem-se a isso as promessas colocadas pelos defensores da reforma, que enfatizavam a necessidade de aprová-la para solucionar a crise econômica que se vivia àquela época[121]. Estimativas são perigosas porquanto desconsideram fatores alheios à vontade humana, a exemplo da pandemia do Sars-Cov-2, a qual resultou nas medidas de distanciamento social e na crise do setor de serviços, responsável por grande parte dos postos de trabalho[122].

A despeito dos efeitos pandêmicos, o acervo do TST registrou aumentos mesmo depois da Lei 13.467/2017. O Ministro Ives Gandra Martins Filho reflete sobre as causas para tanto:

> Uma primeira causa, em relação ao aumento de recursos internos ao final de 2020, é clara: a declaração de inconstitucionalidade do §5º do artigo 896-A da CLT, que estabelecia a irrecorribilidade interna das decisões monocráticas proferidas em agravos de instrumento que dessem pela intranscendência da causa (cfr. TST- ArgInc-1000845-52.2016.5.02.0461, julgada em 6/11/20). A reforma trabalhista promovida pela Lei 13.467/17, quanto ao TST, veio a regulamentar e tornar aplicá-

---

[121] SIMÃO, Edna; PUPO, Fábio. *Reforma trabalhista vai gerar 6 milhões de empregos, diz Meirelles*. Disponível em: https://valor.globo.com/politica/noticia/2017/10/30/reforma-trabalhista-vai-gerar-6-milhoes-de-empregos-diz-meirelles.ghtml. Brasília, 2017. Acesso em 01 nov 2021.

[122] ALVARENGA, Darlan. *Serviços e comércio lideram demissões no ano; veja cargos que mais perderam e ganharam vagas.*. Disponível em: https://g1.globo.com/economia/concursos-e-emprego/noticia/2020/10/07/servicos-e-comercio-lideram-demissoes-no-ano-veja-cargos-que-mais-perderam-e-ganharam-vagas.ghtml. Acesso em 01 nov 2021.

vel o critério de transcendência para o recurso de revista, como filtro mais radical de seleção de recursos a serem julgados pela corte, estabelecendo a irrecorribilidade naqueles processos que, já tendo sofrido o crivo do juízo de admissibilidade dos TRTs, não justificassem nova apreciação meritória pelo tribunal. Nesse aspecto, a decisão majoritária do Pleno do TST contribuiu para mitigar o filtro e aumentar a recorribilidade interna.

Assim, o TST, mesmo tendo julgado menos processos do que em 2019, teve um aumento de mais de 10% nos recursos internos em 2020, passando de 55.267 para 61.220, e já quase duplicou o número do mesmo período de 2020 (21.338), com 37.264 só até maio deste ano de 2021, segundo dados da Cest do TST.

Mas o fator que mais tem gerado o aumento de recursos para o TST é, sem dúvida nenhuma, o fato de o TST vir sendo refratário à jurisprudência do STF em matéria trabalhista e muitos TRTs não observarem sequer a jurisprudência sumulada do TST e do STF. Isso tem obrigado as partes a recorrerem das decisões regionais ou terem de passar necessariamente pelo TST para obterem do Supremo aquilo que já está pacificado pelo Pretório Excelso[123].

Nas palavras do Ministro Ives Gandra da Silva Martins Filho, desta vez em decisão monocrática:

> Não é demais registrar que o instituto da transcendência foi outorgado ao TST para que possa selecionar as questões que transcendam o interesse meramente individual (transcendência econômica ou social em face da macrolesão), exigindo posicionamento desta Corte quanto à interpretação do ordenamento jurídico-trabalhista pátrio, fixando teses jurídicas que deem o conteúdo normativo dos dispositivos da CLT e legislação trabalhista extravagante (transcendência jurídica) e garantam a observância da jurisprudência, então pacificada, pelos Tribunais Regionais do Trabalho (transcendência política)[124].

Reina uma incompreensão entre a Corte Superior Trabalhistas, os Regionais e o Supremo Tribunal Federal. O aspec-

---

[123] MARTINS FILHO, Ives Gandra da Silva. *A realidade por trás dos números*, disponível em: https://www.conjur.com.br/2021-jul-08/ives-gandra-martins-filho-realidade-numeros. Acesso em 01 nov 2021

[124] BRASIL. Tribunal Superior do Trabalho. *AIRR-24352-85.2019.5.24.0091*, Rel. Min. Ives Gandra da Silva Martins Filho, decisão monocrática, DEJT 03/12/2020.

to político da transcendência se acentua, bem como as reclamações constitucionais contra decisões do TST contrárias à jurisprudência da Suprema Corte.

Os litigantes habituais (grandes bancos; União, estados, municípios, com suas fundações e autarquias; empresas públicas e sociedades de economia mista) também insistem no desrespeito às normas trabalhistas, provocando a propositura de novas ações. O erro do legislador foi acreditar que, sozinha, a transcendência remediaria os males da ordem processual justrabalhista.

Ainda há muito a ser feito na área dos meios adequados de resolução de conflitos, na negociação, na própria arbitragem (para os hiperssuficientes, nos termos do art. 444 da CLT). É preciso abolir a crença nas balas de prata. Somente com a mudança da cultura jurídica se verá alguma melhora no grau de litigiosidade da Justiça brasileira.

Certo é que há um desafio ainda muito grande a ser enfrentado na gestão de processos no sistema recursal brasileiro e, por mais que se busquem referências no direito estrangeiro, a dificuldade que se coloca na enculturação desses novos institutos se torna um dilema. Como bem disse o Ministro Ives Gandra, não se deve colocar vinhos novos em odres velhos.

Visto tudo isso, passamos, então, à análise do filtro que é o cerne da presente dissertação: a transcendência do recurso de revista.

4. TRANSCENDÊNCIA DO RECURSO DE REVISTA

4.1. ORIGEM E HISTÓRIA DO INSTITUTO

Desde os primórdios do novo milênio se vem tentando diminuir a alta taxa de recorribilidade na Justiça do Trabalho por meio de um filtro recursal apto a refrear o exagerado número de recursos que chegam ao TST.

Para se ter uma ideia, na Justiça Comum, segundo o Anuário "Justiça em Números", do CNJ, de 2016, a taxa de recorribilidade lá encontrada foi de 9,5%, enquanto, na Justiça do Trabalho, a taxa foi de 52%.

A primeira tentativa se deu através do Projeto de Lei n. 3267/2000[125], de iniciativa do então Presidente da República, Fernando Henrique Cardoso.

---

[125] Redação do Projeto 3.267/2000:

Art. 1º Acrescenta-se ao Decreto-Lei 5.452, de 1º de maio de 1943, Consolidação das Leis do Trabalho – CLT, o seguinte art. 896-A:

Art. 896-A. O Tribunal Superior do Trabalho não conhecerá do recurso oposto contra decisão em que a matéria de fundo não ofereça transcendência com relação aos reflexos gerais de natureza jurídica, política, social e econômica.

O projeto, todavia, não passou pelo crivo da Comissão da Constituição e Justiça da Câmara dos Deputados, que, pela sua relatora, a Deputada Zulaiê Cobra, considerou o projeto inconstitucional e antijurídico, tendo a parlamentar pugnado pela sua rejeição.

A tentativa de implementar esse embargo, porém, permaneceu na agenda política do Presidente da República, tendo este, antes mesmo do arquivamento do projeto legislativo ora mencionado, editado a Medida Provisória nº 2.226/2001, que tomou os seguintes termos:

---

§1º Considera-se transcendência:

I – jurídica, o desrespeito patente aos direitos humanos fundamentais ou aos interesses coletivos indisponíveis, com comprometimento da segurança e estabilidade das relações jurídicas;

II – política, o desrespeito notório ao princípio federativo ou à harmonia dos Poderes constituídos;

III – social, a existência de situação extraordinária de discriminação, de comprometimento do mercado de trabalho ou perturbação notável à harmonia entre capital e trabalho;

IV – econômica, a ressonância de vulto da causa em relação a entidade de direito público ou economia mista, ou a grave repercussão da questão na política econômica nacional, no segmento produtivo ou no desenvolvimento regular da atividade empresarial.

§2º O tribunal, ao apreciar o recurso oposto contra decisão que contrarie a sua jurisprudência relativa à questão transcendente, salvo o caso da intempestividade, dará prazo para que a parte contrária supra o não-preenchimento de pressuposto extrínseco do recurso.

§ 3º O Tribunal não conhecerá de recurso fundado em aspecto processual da causa, salvo com apoio em disposição constitucional direta e literalmente violada, quando o tema de fundo estiver pacificado em sua jurisprudência no sentido da decisão proferida pelo tribunal inferior.

Art. 2º O Tribunal Superior do Trabalho regulamentará, no prazo de sessenta dias da publicação desta Lei, o procedimento de seleção dos recursos transcendentes e de uniformização na aplicação dos critérios de transcendência.

Art. 3º Esta lei entrará em vigor sessenta dias após a data de sua publicação.

O PRESIDENTE DA REPÚBLICA, no uso da atribuição que lhe confere o art. 62 da Constituição, adota a seguinte Medida Provisória, com força de lei:

Art. 1º. A Consolidação das Leis do Trabalho, aprovada pelo Decreto-Lei no 5.452, de 1º de maio de 1943, passa a vigorar acrescida do seguinte dispositivo:

"Art. 896-A. O Tribunal Superior do Trabalho, no recurso de revista, examinará previamente se a causa oferece transcendência com relação aos reflexos gerais de natureza econômica, política, social ou jurídica." (NR)

Art. 2º. O Tribunal Superior do Trabalho regulamentará, em seu regimento interno, o processamento da transcendência do recurso de revista, assegurada a apreciação da transcendência em sessão pública, com direito a sustentação oral e fundamentação da decisão. (Revogado pela Lei nº 13.467, de 2017)

Art. 3º. O art. 6º da Lei nº 9.469, de 10 de julho de 1997, passa a vigorar acrescido do seguinte parágrafo, renumerando-se o atual parágrafo único para § 1º:

"§ 2º O acordo ou a transação celebrada diretamente pela parte ou por intermédio de procurador para extinguir ou encerrar processo judicial, inclusive nos casos de extensão administrativa de pagamentos postulados em juízo, implicará sempre a responsabilidade de cada uma das partes pelo pagamento dos honorários de seus respectivos advogados, mesmo que tenham sido objeto de condenação transitada em julgado." (NR)

Art. 4º Esta Medida Provisória entra em vigor na data de sua publicação.

Brasília, 4 de setembro de 2001; 180º da Independência e 113º da República.

FERNANDO HENRIQUE CARDOSO
FRANCISCO DORNELLES
GILMAR FERREIRA MENDES

Este texto não substitui o publicado no DOU de 5.9.2001 – Edição extra

É curioso, no entanto, que um projeto considerado não-urgente pelo Parlamento e tido por inconstitucional e antijurídico pela Comissão de Constituição e Justiça da Câmara dos Deputados seja, de modo concomitante, "requentado" pela Presidência e lançado na ordem jurídica pela exceção da pena presidencial – ante a invocação dos pressupostos de relevância e urgência constitucional (art. 62, da Constituição).

A referida Medida Provisória, como se depreende do seu art. 2º, não se incumbiu de regulamentar e estabelecer o processamento da transcendência, mas optou por deixar este encargo ao Tribunal Superior do Trabalho, por meio do seu regimento interno. A Presidência, portanto, esquivou-se da maior dificuldade dogmática e jurídica associada ao instituto e colocou o TST na difícil missão de regulamentar o tema por sua conta e risco.

Como esperado, diante da insegurança jurídica e possível inconstitucionalidade da MP, o Supremo Tribunal Federal foi instado, mediante o ajuizamento, pelo Conselho Federal da Ordem dos Advogados do Brasil, de Ação Direta de Inconstitucionalidade, tombada sob o nº 2.527/DF, cuja relatora designada foi a Ministra Ellen Gracie Northfleet. A despeito da concessão parcial da medida cautelar, a relatora não suspendeu a eficácia da transcendência[126].

---

[126] Destaque-se que a Medida provisória foi reputada constitucional pelo STF, no julgamento da ADI 2527 MC/DF, em 16.8.2007. Transcreve-se a ementa: MEDIDA CAUTELAR EM AÇÃO DIRETA DE INCONSTITUCIONALIDADE. MEDIDA PROVISÓRIA 2.226, DE 04.09.2001. TRIBUNAL SUPERIOR DO TRABALHO. RECURSO DE REVISTA. REQUISITO DE ADMISSIBILIDADE. TRANSCENDÊNCIA. AUSÊNCIA DE PLAUSIBILIDADE JURÍDICA NA ALEGAÇÃO DE OFENSA AOS ARTIGOS 1º; 5º, CAPUT E II; 22, I; 24, XI; 37; 62, CAPUT E § 1º, I, B; 111, § 3º E 246. LEI 9.469/97. ACORDO OU TRANSAÇÃO EM PROCESSOS JUDICIAIS EM QUE PRESENTE A FAZENDA PÚBLICA. PREVISÃO DE PAGAMENTO DE HONORÁRIOS, POR CADA UMA DAS PARTES, AOS SEUS RESPECTIVOS ADVOGADOS, AINDA QUE TENHAM SIDO OBJETO DE CONDENAÇÃO TRANSITADA EM JULGADO. RECONHECIMENTO, PELA MAIORIA DO PLENÁRIO, DA APARENTE VIOLAÇÃO AOS PRINCÍPIOS CONSTITUCIONAIS DA ISONOMIA E DA PROTEÇÃO À COISA JULGADA. 1. A medida provisória impugnada foi editada antes da publicação da Emenda Constitucional 32, de 11.09.2001, circunstância que afasta a vedação prevista no art. 62, § 1º, I, b, da Constituição, conforme ressalva expressa contida no art. 2º da própria EC 32/2001. 2. Esta Suprema Corte somente admite o exame jurisdicional do mérito dos requisitos de relevância e urgência na edição de medida provisória em casos excepcionalíssimos, em que a ausência desses pressupostos seja evidente. No presente caso, a sobrecarga causada pelos inúmeros recursos repetitivos em tramitação no TST e a imperiosa necessidade de uma célere e qualificada prestação jurisdicional aguardada por milhares de trabalhadores parecem afastar a plausibilidade

Para dar cabo do ônus que lhe foi jogado às costas, o TST formou uma comissão temporária de ministros, composta pelos Ministros Barros Levenhagem, Horácio Raymundo de Senna Pires e Renato de Lacerda Paiva, para tratar do tema da regulamentação do art. 896-A, da CLT, incluído à CLT pela referida medida provisória.

Essa comissão, porém, não chegou a nenhuma conclusão, pelo que o TST constituiu, em novembro de 2009, nova comissão temporária, agora composta pelos Ministros João Orestes Dalazen, Ives Gandra Martins Filho, Brito Pereira, Maria Cristina Irigoyen Peduzzi e Lélio Bentes Corrêa.[127]

---

da alegação de ofensa ao art. 62 da Constituição. 3. Diversamente do que sucede com outros Tribunais, o órgão de cúpula da Justiça do Trabalho não tem sua competência detalhadamente fixada pela norma constitucional. A definição dos respectivos contornos e dimensão é remetida à lei, na forma do art. 111, § 3º, da Constituição Federal. As normas em questão, portanto, não alteram a competência constitucionalmente fixada para o Tribunal Superior do Trabalho. 4. Da mesma forma, parece não incidir, nesse exame inicial, a vedação imposta pelo art. 246 da Constituição, pois, as alterações introduzidas no art. 111 da Carta Magna pela EC 24/99 trataram, única e exclusivamente, sobre o tema da representação classista na Justiça do Trabalho. 5. A introdução, no art. 6º da Lei nº 9.469/97, de dispositivo que afasta, no caso de transação ou acordo, a possibilidade do pagamento dos honorários devidos ao advogado da parte contrária, ainda que fruto de condenação transitada em julgado, choca-se, aparentemente, com a garantia insculpida no art. 5º, XXXVI, da Constituição, por desconsiderar a coisa julgada, além de afrontar a garantia de isonomia da parte obrigada a negociar despida de uma parcela significativa de seu poder de barganha, correspondente à verba honorária. 6. Pedido de medida liminar parcialmente deferido.

[127] Süssekind explicita o dilema da Corte naquele momento: "Ao TST incumbem duas espinhosas missões, sob o prisma jurídico: 1 – decidir se afronta mesmo o art. 2o da Carta Política para definir, em Regimento Interno (art. 2º da MP 2226) matéria que compete privativamente à União decidir (art. 22, I, da CF), por meio do Congresso Nacional (art. 48 da CF) e de forma indelegável (art. 68, par. 1º, da CF); 2- incluir no regimento interno, que comporá normas procedimentais, norma processual que defina aquelas quatro expressões da transcendência, incluindo num dilema similar ao do enigma da esfinge. (SÜSSEKIND, Arnaldo; MARANHÃO, Délio et al. *Instituições de direito do trabalho*. 21. ed. São Paulo: LTr, 2003)

Entretanto, ante a dificuldade de se conceituar os critérios de modo claros e justos, e o risco de inconstitucionalidade decorrente de óbice recursal advindo do Regimento Interno (fora da legalidade em sentido estrito, portanto), o C. TST não deu cabo de regulamentar a transcendência e somente modificou o seu Regimento em 27 de novembro de 2017, quando ela já havia se tornado realidade legislativa com a Reforma Trabalhista, através da edição da Lei n. 13.467/2017 pelo Congresso Nacional, cuja sanção se deu pelo Presidente Michel Temer.[128]

Desde então, portanto, foi introduzida ao processo do trabalho a transcendência do Recurso de Revista, prevista no art. 896-A, da CLT[129], e regulamentada nos artigos 246 a 249

---

[128] Justificativa do Projeto de Lei n. 6.787/2016, que deu origem à Lei nº 13.467/2017:

A taxa de congestionamento de processos no Brasil atinge níveis superiores a 85%, segundo dados do Anuário "Justiça em Números" do Conselho Nacional de Justiça - CNJ, de 2016.

Enquanto a taxa de recorribilidade na Justiça Estadual Comum é de 9,5%, na Justiça do Trabalho este número é de 52%.

Essas estatísticas se traduzem na vida dos brasileiros em maior demora processual, especialmente no processo do trabalho, sendo que, na Justiça do Trabalho, essa questão é mais crítica por se tratar de verbas alimentares.

Premente, portanto, a necessidade de racionalização do sistema recursal. Um Tribunal Superior deve ater-se não ao julgamento de casos simplórios, mas à apreciação de matérias que tenham relevância nacional, seja jurídica, econômica, orçamentária e social, como ocorre em países desenvolvidos.

Finalmente, a transcendência recursal já existe na CLT. Estamos propondo apenas a sua regulamentação para que tenha eficácia prática na racionalização e celeridade do Tribunal.

[129] Art. 896-A – O Tribunal Superior do Trabalho, no recurso de revista, examinará previamente se a causa oferece transcendência com relação aos reflexos gerais de natureza econômica, política, social ou jurídica.

§ 1º São indicadores de transcendência, entre outros:

I – econômica, o elevado valor da causa;

II – política, o desrespeito da instância recorrida à jurisprudência sumulada do Tribunal Superior do Trabalho ou do Supremo Tribunal Federal;

III – social, a postulação, por reclamante-recorrente, de direito social constitucionalmente assegurado;

do Regimento Interno do TST[130], que, embora prevista em

IV – jurídica, a existência de questão nova em torno da interpretação da legislação trabalhista.

§ 2º Poderá o relator, monocraticamente, denegar seguimento ao recurso de revista que não demonstrar transcendência, cabendo agravo desta decisão para o colegiado.

§ 3º Em relação ao recurso que o relator considerou não ter transcendência, o recorrente poderá realizar sustentação oral sobre a questão da transcendência, durante cinco minutos em sessão.

§ 4º Mantido o voto do relator quanto à não transcendência do recurso, será lavrado acórdão com fundamentação sucinta, que constituirá decisão irrecorrível no âmbito do tribunal.

§ 5º É irrecorrível a decisão monocrática do relator que, em agravo de instrumento em recurso de revista, considerar ausente a transcendência da matéria.

§ 6º O juízo de admissibilidade do recurso de revista exercido pela Presidência dos Tribunais Regionais do Trabalho limita-se à análise dos pressupostos intrínsecos e extrínsecos do apelo, não abrangendo o critério da transcendência das questões nele veiculadas.

[130] Art. 246. As normas relativas ao exame da transcendência dos recursos de revista, previstas no art. 896-A da CLT, somente incidirão naqueles interpostos contra decisões proferidas pelos Tribunais Regionais do Trabalho publicadas a partir de 11/11/2017, data da vigência da Lei n.º 13.467/2017.

Art. 247. A aplicação do art. 896-A da CLT, que trata da transcendência do recurso de revista, observará o disposto neste Regimento, devendo o Tribunal Superior do Trabalho, no recurso de revista, examinar previamente de ofício, se a causa oferece transcendência com relação aos reflexos gerais de natureza econômica, política, social ou jurídica.

§ 1º São indicadores de transcendência, entre outros:

I - econômica, o elevado valor da causa;

II - política, o desrespeito da instância recorrida à jurisprudência sumulada do Tribunal Superior do Trabalho ou do Supremo Tribunal Federal;

III - social, a postulação, por reclamante-recorrente, de direito social constitucionalmente assegurado;

IV – jurídica, a existência de questão nova em torno da interpretação da legislação trabalhista.

§ 2º Poderá o relator, monocraticamente, denegar seguimento ao recurso de revista que não demonstrar transcendência.

§ 3º Caberá agravo apenas das decisões em que não reconhecida a transcendência pelo relator, sendo facultada a sustentação oral ao recorrente, durante

lei desde o ano de 2017, ainda suscita muitas discussões que serão tratadas mais amiúde a seguir.

4.2. ANÁLISE DOS PRINCIPAIS ASPECTOS POLÊMICOS A RESPEITO DA TRANSCENDÊNCIA

4.2.1. DA NATUREZA JURÍDICA

O primeiro ponto que suscita discussão é a natureza jurídica da transcendência. Seria ela um pressuposto intrínseco, uma prejudicial de mérito ou algum outro tipo de requisito de admissibilidade do recurso de revista?

Dentre os autores que defendem a natureza de pressuposto intrínseco, destacamos o professor Élisson Miessa, segundo o qual a transcendência estaria ligada à existência do poder de recorrer.[131]

Em sentido contrário, filiando-se à corrente que entende ser a transcendência uma prejudicial de mérito do recurso,

---

5 (cinco) minutos em sessão, e ao recorrido, apenas no caso de divergência entre os componentes da Turma quanto à transcendência da matéria.

§ 4º Mantido o voto do relator quanto ao não reconhecimento da transcendência do recurso, será lavrado acórdão com fundamentação sucinta, que constituirá decisão irrecorrível no âmbito do Tribunal.

§ 5º O juízo de admissibilidade do recurso de revista exercido pela Presidência dos Tribunais Regionais do Trabalho limita-se à análise dos pressupostos intrínsecos e extrínsecos do apelo, não abrangendo o critério da transcendência das questões nele veiculadas.

Art. 248. É irrecorrível a decisão monocrática do relator que, em agravo de instrumento em recurso de revista, considerar ausente a transcendência da matéria.

Art. 249. O Tribunal Superior do Trabalho organizará banco de dados em que constarão os temas a respeito dos quais houver sido reconhecida a transcendência.

[131] MIESSA, Elisson. In: *Manual dos recursos trabalhistas: teoria e prática*. 3. ed. Salvador: Juspodivm, 2018, p. 401.

está o professor Mauro Schiavi. Segundo ele, ao apreciar a transcendência, "o TST obrigatoriamente está enfrentando o mérito do recurso".[132]

Há ainda aqueles que consideram a transcendência como sendo um requisito político do recurso de revista, de modo que o TST poderia exercer um juízo discricionário de conveniência e oportunidade na avaliação dos recursos de revista que merecem ou não ser submetidos a julgamento.

Contudo, não parece ser esse o melhor entendimento, já que ao Ministro relator não é dada toda essa liberdade na apreciação da transcendência, embora sejam os seus indicadores abertos a grande subjetividade.

A discussão pode parecer inútil, mas não é. Explicamos.

Nos termos do que dispõe o art. 896-A, §6º da CLT, o juízo de admissibilidade da transcendência deve ser feito exclusivamente pelo TST, enquanto aos Tribunais Regionais do Trabalho cabe a análise apenas dos pressupostos intrínsecos e extrínsecos do apelo.

Supondo que o Tribunal Regional tenha dado seguimento ao recurso de revista, o TST examinará "previamente" se a causa oferece transcendência com relação aos reflexos gerais de natureza econômica, política, social ou jurídica.

Pergunta-se: e se, após reconhecer a transcendência da matéria, o relator do recurso vier a perceber que o apelo carece de algum pressuposto extrínseco que passou despercebido pelo tribunal regional, o recurso poderá ser conhecido, dada a relevância da matéria, assim como na repercussão geral? A resposta pode surpreender, mas é não. O recurso não poderá ser conhecido por absoluta falta de suporte legal para se levar adiante o julgamento da questão considerada transcendente.

Assim, a análise prévia da transcendência somente faria algum sentido caso fosse flexibilizado o rigor na observância

---

[132] SCHIAVI. Mauro. *Manual dos recursos no processo do trabalho*. 4. ed. rev. ampl. e atual. Salvador: Juspodivm, 2020. p. 294.

dos demais pressupostos recursais, a fim de que, a matéria reputada relevante, pudesse, para o bem da coletividade e da higidez do ordenamento jurídico-trabalhista, ser apreciada e dirimida pelo TST.

Portanto, não nos parece que a transcendência seja um requisito político, tampouco uma prejudicial de mérito do recurso. Parece ela mais um pressuposto do recurso, que ninguém ainda foi capaz de dar a devida nomenclatura.

4.2.2. DA FALTA DE OBJETIVIDADE DOS INDICADORES DA TRANSCENDÊNCIA/ DO AMPLO ESPAÇO DE SUBJETIVISMO DOS INDICADORES DA TRANSCENDÊNCIA /E AS ALTERNATIVAS PARA O PROBLEMA.

Um dos pontos mais criticados a respeito da transcendência é o que se refere à falta de objetividade dos critérios elencados pela lei para se reconhecer se o recurso de revista é transcendente ou não, ou seja, se a matéria tratada no recurso transcende o mero interesse individual da parte e repercute para a coletividade.

José Augusto Rodrigues Pinto[133] leciona que "Transcendente é qualitativo do 'muito elevado, sublime' a ponto de ser metafísico, levando o Direito a bordejar a ciência do suprassensível, o que já nos levou a pensar na transcendência como a relevância elevada ao cubo ou à 4ª potência. Por aí se imagine a carga de subjetivismos que se está entregando aos magistrados incumbidos de declará-la totalmente incompatível com a imperiosa exigência de objetividade da Justiça nas declarações de convencimento dos juízes."

Já na ótica de Homero Batista[134]:

---

[133] RODRIGUES PINTO, José Augusto. *Manual dos recursos nos dissídios do trabalho*. São Paulo: LTr, 2006. p. 200.

[134] SILVA, Homero Batista Mateus da. *Comentários à reforma trabalhista*. São Paulo: Revista dos Tribunais, 2017. p. 183.

"a palavra transcendência, difícil de escrever, de pronunciar e de entender, representa a necessidade de aquele recurso de revista transbordar os estreitos limites do processo e repercutir de maneira geral em toda a sociedade. São casos célebres, como a legalidade da assinatura de linha telefônica, o direito adquirido ao reajuste salarial expurgado no meio do mês por planos econômicos ou o cálculo do fundo de garantia. Ou seja, uma vez implementada a transcendência como filtro de apreciação do recurso de revista, somente poderão ou deverão ser julgados aqueles que excederem o alcance do processo e influenciarem o entendimento de tantos quantos. Irradiar efeitos na sociedade é a marca característica dos recursos transcendentais".

A partir disto, podemos perceber a importância desta discussão para a dogmática da transcendência e suas repercussões práticas.

Todavia, antes de adentrar na análise propriamente dita dos critérios fixados pela Lei n. 13.467/17, façamos uma pequena reflexão acerca do que foi considerado transcendente pelo Projeto de Lei n. 3.267/00 do qual já se falou antes.

Segundo o projeto, considerava-se transcendência:

(a) jurídica, o desrespeito patente aos direitos humanos fundamentais ou aos interesses coletivos indisponíveis, com comprometimento da segurança e estabilidade das relações jurídicas; (b) política, o desrespeito notório ao princípio federativo ou à harmonia dos Poderes constituídos; (c) social, a existência de situação extraordinária de discriminação, de comprometimento do mercado de trabalho ou de perturbação notável à harmonia entre capital e trabalho; (d) econômica, a ressonância de vulto da causa em relação à entidade de direito público ou economia mista, ou à grave repercussão da questão na política econômica nacional, no segmento produtivo ou no desenvolvimento regular da atividade empresarial.

Como visto, o legislador reformista foi muito mais objetivo, no sentido de menos abrangente, e, por isso mesmo, deu margem a alta carga de subjetivismo aos magistrados no exame da transcendência.

Não à toa, popularmente, costuma-se dizer que existem 24 posicionamentos diferentes sobre o que é transcendência, em menção aos 24 Ministros a quem efetivamente são distribuídos os recursos, excluindo-se aqueles que exercem cargos de natureza administrativa.

Desse modo, serão 24 Ministros "decidindo de forma isolada e irrecorrível sobre a existência ou não de Transcendência, o que certamente irá gerar uma enorme disparidade de decisões, em casos muitas vezes semelhantes. Tal ocorrência não transmitirá para a sociedade sentimento de segurança, estabilidade e previsibilidade jurídica, características que se espera de um Tribunal Superior."[135]

Vamos, então, à análise de cada um dos indicadores da transcendência.

4.2.2.1. ECONÔMICA

Do conceito legal, extrai-se que a transcendência econômica diz respeito ao "elevado valor da causa".

Contudo, o conteúdo normativo traçado pela reforma não é capaz de oferecer ao julgador um norte preciso do que seria esse elevado valor da causa.

Desse modo, não parece razoável que a transcendência econômica se dê com base no critério do "elevado valor da causa", haja vista o seu subjetivismo e irrelevância para configuração da transcendência. Ademais, não tem ela um valor monetário, a exemplo das ações declaratórias, ainda que suas consequências econômicas possam ser graves.[136]

Portanto, a parte primeira deste problema está relacionada à direção para a qual se voltar os olhos no momento de avaliar se se está diante de uma causa de elevado valor ou não.

---

[135] TOLENTINO, Ronaldo Ferreira. A transcendência no recurso de revista. In: ———. *Reforma trabalhista: ponto a ponto*. São Paulo: LTr, 2018. p. 379.

[136] ABDALA, Vantuil. O pressuposto da transcendência: algumas preocupações. In: ARRUDA, Kátia Magalhães; ARANTES, Delaíde Alves Miranda (Org.). *A centralidade do trabalho e os rumos da legislação trabalhista*: homenagem ao ministro João Oreste Dalazen. São Paulo: LTr, 2018, p. 362.

Isto porque, este indicador, "não pode ser visto unicamente pela ótica empresarial, na medida em que o aspecto econômico também pode influenciar aos trabalhadores".[137]

Melhor seria, destarte – e aqui seguem as nossas hipóteses para o problema –, que o legislador ou mesmo o Tribunal Superior do Trabalho, por meio de seu regimento interno, dessem ao julgador meios mais tangíveis para aferir se a causa oferece transcendência econômica, como a exemplo do que acontece no *interés casacional* espanhol, em que o Tribunal Superior somente aprecia causas com valor superior a seiscentos mil euros.

Nesse caso, ainda que se pudesse cometer o pecado de fixar um valor muito alto ou muito baixo, e, portanto, passível de críticas, não se correria o risco ainda pior de, deixando a cargo do subjetivismo do magistrado, ter-se decisões absolutamente conflitantes dentro da corte, ao arrepio do princípio isonômico.

Por outro lado, poderia se pensar em outros critérios mais razoáveis como, por exemplo, uma causa cujo valor implicaria na derrocada da empresa, inviabilizando totalmente a manutenção de suas atividades, tendo em vista que "a continuidade do empreendimento, do qual dependem os empregos de outros trabalhadores é um fator relevante".[138]

---

[137] CAVALCANTE, Jourberto de Quadros Pessoa; JORGE NETO, Francisco Ferreira. *A relevância, transcendência ou repercussão geral no sistema jurídico-processual.* MANNRICH, Nelson (Coord.). Reforma trabalhista: reflexões e críticas. São Paulo: LTr, 2018, p. 44.

[138] SAMPAIO, Patrícia Maria Santana. *TRANSCENDÊNCIA COMO MECANISMO DE FILTRO RECURSAL*: O REPENSAR DO PAPEL DO TRIBUNAL SUPERIOR DO TRABALHO. Orientador: Osmar Mendes Paixão Côrtes. 2020. 72 p. Dissertação de mestrado (Mestre em Direito) - Instituto Brasiliense de Direito Público, Brasília, 2020. Disponível em: https://repositorio.idp.edu.br/bitstream/123456789/2948/1/Disserta%C3%A7%C3%A3o_%20PATR%C3%8DCIA%20MARIA%20SANTANA%20SAMPAIO_MESTRADO%20EM%20DIREITO_2020.pdf. Acesso em: 18 ago. 2021., p. 52

4.2.2.2. POLÍTICA

A transcendência política, por sua vez, se mostra presente quando o acórdão alvejado por recurso de revista tenha desrespeitado a jurisprudência sumulada do Tribunal Superior do Trabalho ou do Supremo Tribunal Federal.

A primeira crítica que se deve tecer a respeito da natureza política da transcendência é que, tendo o legislador limitado a sua configuração à violação pela instância recorrida de jurisprudência sumulada do TST e STF, deixou de fora a contrariedade às orientações jurisprudenciais fixadas pelo TST que representam os entendimentos consolidados da corte em matéria trabalhista.[139]

Resta, portanto, a seguinte indagação: essa restrição não estaria a representar um entrave ao recurso de revista interposto contra decisão que vai de encontro às orientações jurisprudenciais do tribunal? E não apenas isso; não estaria ainda a comprometer a uniformização da jurisprudência trabalhista?

As respostas me parecem positivas. E, nesse ponto, é importante traçarmos um paralelo com o que diz o Código de Processo Civil – aplicável supletiva e subsidiariamente ao

---

[139] "É interessante a denominação de tal critério como político, pois significa que o legislador compreende o respeito à autoridade da jurisprudência sumulada de ambos os Tribunais como uma questão institucional. O desrespeito à súmula do TST, portanto, não tem implicação apenas jurídica, o que pode indicar a categorização que se dá à Corte trabalhista. Nesse critério, por completude, deveriam ter sido incluídas as orientações jurisprudenciais (OJs), a iterativa e notória jurisprudência do TST, especialmente da Subseção Especializada em Dissídios Individuais-1, responsável pela uniformização da jurisprudência no âmbito do TST, entendida como aquela formada por, no mínimo, três precedentes, salvo se o julgamento se der em composição plena. Também nesse rol, as decisões vinculantes do TST e do STF." (*idem*)

processo do trabalho (CPC, art. 15[140]) –, em especial em seus art. 926, 927 e 1035, §3º, I.[141]

Ora, se é dever dos tribunais uniformizar a sua jurisprudência e mantê-la íntegra, estável e coerente, nada mais impróprio do que não permitir que um recurso, direcionado à corte que tem o papel mais importante na uniformização da jurisprudência trabalhista, não seja conhecido, mesmo que a decisão por ele atacada contrarie a jurisprudência "dominante" do TST.

Aliás, há uma enorme incongruência quando se pensa que os juízes e tribunais deveriam observar, conforme estabelecido pelo art. 927 do CPC, os acórdãos em incidente de assun-

---

[140] Art. 15. Na ausência de normas que regulem processos eleitorais, trabalhistas ou administrativos, as disposições deste Código lhes serão aplicadas supletiva e subsidiariamente.

[141] Art. 926. Os tribunais devem uniformizar sua jurisprudência e mantê-la estável, íntegra e coerente.

§ 1º Na forma estabelecida e segundo os pressupostos fixados no regimento interno, os tribunais editarão enunciados de súmula correspondentes a sua jurisprudência dominante.

§ 2º Ao editar enunciados de súmula, os tribunais devem ater-se às circunstâncias fáticas dos precedentes que motivaram sua criação.

Art. 927. Os juízes e os tribunais observarão:

I – as decisões do Supremo Tribunal Federal em controle concentrado de constitucionalidade;

II – os enunciados de súmula vinculante;

III – os acórdãos em incidente de assunção de competência ou de resolução de demandas repetitivas e em julgamento de recursos extraordinário e especial repetitivos;

IV – os enunciados das súmulas do Supremo Tribunal Federal em matéria constitucional e do Superior Tribunal de Justiça em matéria infraconstitucional;

V – a orientação do plenário ou do órgão especial aos quais estiverem vinculados.

Art. 1035.

§ 3º Haverá repercussão geral sempre que o recurso impugnar acórdão que:

I – contrarie súmula ou jurisprudência dominante do Supremo Tribunal Federal (grifo nosso);

ção de competência ou de resolução de demandas repetitivas e em julgamento de recursos extraordinário e especial repetitivos – e aqui incluímos por nossa conta os acórdãos em incidente de recurso de revista repetitivo –, mas a lei só considera transcendente, ao menos politicamente, o recurso que busque a reforma de decisão que vai contra a jurisprudência sumulada do TST e do STF.

A pergunta que fica é, tendo o legislador o norte informado pela repercussão geral do recurso extraordinário, por que não bebeu dessa fonte? Por que não incluiu também, como no inciso I do art. 1.035, §3º do CPC, que haveria transcendência política quando a instância recorrida contrariasse a jurisprudência "dominante" do TST?[142]

São perguntas que somente os *players* que estiveram diretamente ligados à edição da lei poderiam responder.

Permitimo-nos ainda trazer aqui o que já lemos, não uma, senão mais de uma vez: os casos de recursos contra decisões contrárias às orientações jurisprudenciais do TST poderiam ser encaixados na cláusula "entre outros" prevista no §1º do art. 896-A, da CLT. Esse, todavia, é um tema que será abordado mais adiante.

4.2.2.3. SOCIAL

A conceituação de transcendência social dada pelo legislador revela-se um pouco carente, a nosso ver, e poderia ter ido além, dando um enfoque mais criativo e relevante a esse indicador.

Aliás, como bem constatou Manoel Antonio Teixeira[143], "se levarmos à risca a literalidade do preceito, na maioria das

---

[142] Explico por que pela segunda vez utilizo a palavra dominante entre aspas: pelo simples fato de que se a jurisprudência não é dominante, não é jurisprudência.

[143] TEIXEIRA FILHO, Manoel Antônio. Recurso de revista. Transcendência. In: DALLEGRAVE NETO, José Affonso; KAJOTA, Ernani (Coord.). *O*

vezes, estará caraterizada a transcendência, pois o mais expressivo acervo de direitos do trabalhador está consubstanciado na Constituição da República, particularmente, no art. 7º, integrante do Capítulo 'Dos Direitos Sociais'"

Ademais disso, tendo em conta o que significa propriamente o termo "social", teria sido mais acertado, pensamos, e mais coerente com o que é transcendente do ponto de vista jurídico, ter sido feita uma abordagem mais voltada ao direito coletivo do trabalho, buscando resguardar os direitos do trabalhador em sua coletividade.

Do texto, afere-se ainda a intenção discriminatória do legislador em relação ao empregador-recorrente – e o termo "discriminatória não é aqui usado no sentido de injusto, mas simplesmente no sentido interpretativo, na medida em que, de fato, houve claro intuito discriminatório da lei –, já que a norma faz menção apenas à postulação promovida por 'reclamante-recorrente'".

O Ministro Vantuil Abdala[144], em artigo publicado no ano de 2018, em coletânea dedicada ao Ministro Orestes Dalazen, manifestou-se no sentido de que, mais razoável seria se, "em observância ao princípio isonômico no tratamento das partes, a postulação ali contida fosse pertinente a autor ou réu (CPC, art. 7º). Isso porque decisão contrária ao empregador pode também, eventualmente, desrespeitar direito social constitucionalmente assegurado."

---

processo do trabalho e a reforma trabalhista: as alterações introduzidas no processo do trabalho pela Lei n. 13.467/2017. 2. ed., rev., atual. e ampl. São Paulo: LTr, 2018. p. 396.

144 ABDALA, Vantuil. O pressuposto da transcendência: algumas preocupações. In: ARRUDA, Kátia Magalhães; ARANTES, Delaíde Alves Miranda (Org.). *A centralidade do trabalho e os rumos da legislação trabalhista:* homenagem ao ministro João Oreste Dalazen. São Paulo: LTr, 2018, p. 363.

Pessoa Cavalcante e Jorge Neto[145] entendem ainda que o legislador não deveria ter restringido "esse aspecto tão somente aos dispositivos constitucionais e sim também aos direitos previstos na legislação infraconstitucional, como também nas convenções da OIT."

Além disso, para aqueles que defendem a teoria restritiva de direito social como os contidos nos artigos 6º a 11 da CF/88 – e eu me incluo nesse rol –, somente a violação a estes direitos estariam a dar guarida ao reconhecimento da transcendência social.

4.2.2.4. JURÍDICA

Não obstante os problemas, já narrados, em torno dos indicadores da transcendência, especialmente, no que se refere à transcendência jurídica é necessário que prestemos os devidos elogios ao legislador.

É de fundamental importância que o TST se debruce sobre as questões que ainda não foram objeto de interpretação pela corte, a fim de que o seu papel de guardião da lei e da constituição e de quem dá a última palavra na esfera do judiciário trabalhista seja fielmente cumprido.

Neste ponto, inclusive, parece haver certo equívoco por parte de quem entende que somente se estaria diante de apelo dotado de transcendência jurídica, nos casos em que houvesse alguma lacuna interpretativa em face de normas recentemente editadas. É o caso, inclusive, do grande mestre Manoel Antonio Teixeira Filho[146], por quem nutrimos imenso respeito, mas que nesse ponto, ousamos discordar.

---

[145] CAVALCANTE, Jourberto de Quadros Pessoa; JORGE NETO, Francisco Ferreira. *A relevância, transcendência ou repercussão geral no sistema jurídico processual.* MANNRICH, Nelson (Coord.). Reforma trabalhista: reflexões e críticas. São Paulo: LTr, 2018, p. 45.

[146] "Segundo o legislador, é representado pela existência de questão nova acerca da interpretação da legislação trabalhista. Ocorre, entretanto, que, muitas vezes, embora a questão seja antiga, ainda não foi de-

Aliás, a própria edição da Lei nº 13.467/2017, que regulamentou a transcendência e impôs importantes modificações no cenário do direito e processo do trabalho, será terreno fértil para a interposição de recursos de revista que buscam solução interpretativa do TST a respeito de tais mudanças.

Portanto, vislumbra-se salutar a previsão legal da transcendência jurídica como posta pelo inciso IV, do art. 891-A, §1º, da CLT.

4.2.2.5. A EXPRESSÃO *"ENTRE OUTROS"* PREVISTA NO §1º, DO ART. 891-A

A cláusula "entre outros" prevista na parte final do §1º do art. 896-A, da CLT, é vista por muitos como uma saída para as hipóteses não especificadas nos seus incisos. Trata-se de cláusula aberta que deixa clara a intenção do legislador de não prever um rol taxativo dos indicadores enumerados nos referidos incisos.

Todavia, é de se questionar: quem haverá de definir quais são esses indicadores? O Regimento Interno do TST ou a jurisprudência do mesmo Tribunal? Além disso, não sendo econômicos, políticos, sociais ou jurídicos os reflexos a que alude a precitada norma legal, de que natureza seriam?[147]

Esta foi, decerto, bela oportunidade perdida para que o TST promovesse a regulamentação do instituto e preenchesse as lacunas existentes de acordo com a experiência da corte.

---

finitivamente solucionada pela manifestação jurisprudencial. Destarte, sob o rigor da literalidade da norma em foco não estaria caracterizada a transcendência, cujo consectário seja a inadmissibilidade do recurso de revista. Também neste caso, o legislador não foi feliz da conceituação da transcendência, sob a perspectiva jurídica." (TEIXEIRA FILHO, Manoel Antônio. Recurso de revista. Transcendência. In: DALLEGRAVE NETO, José Affonso; KAJOTA, Ernani (Coord.). *O processo do trabalho e a reforma trabalhista: as alterações introduzidas no processo do trabalho pela Lei n. 13.467/2017*. 2. ed., rev., atual. e ampl. São Paulo: LTr, 2018. p. 396)

[147] TEIXEIRA FILHO, Manoel Antonio. p. 397.

Contudo, lamentavelmente, isso não foi feito e a corte trabalhista limitou-se a repetir em seu Regimento Interno, *ipsis literis*, os mesmos termos estabelecidos em lei.

O ministro do TST, Vantuil Abdala[148], já havia alertado para isso em artigo escrito em que dizia que "seria bom que se considerasse entre os indicadores de transcendência o aspecto moral, a exemplo do que continha o§ 1º, do art. 327, do Regimento Interno do STF, à época em que havia a Relevância, como pressuposto do Recurso Extraordinário".

É bom lembrar, também, que quando se discutia o PL n. 3267/2000, o Ministro lves Gandra asseverou fossem destacados os seguintes temas como representativos de transcendência:

a. recursos oriundos de ações civis públicas, cujo objeto envolva interesses difusos e coletivos;
b. processos em que o sindicato atue como substituto processual da categoria, defendendo interesses individuais homogêneos;
c. causas que discutam norma que tenha por fundamento maior o próprio direito natural, cujo desrespeito pode ensejar a necessidade de defesa dos direitos humanos fundamentais;
d. processos em que um Tribunal Regional do Trabalho resista a albergar a jurisprudência pacificada do TST ou do STF.[149]

Nota-se, portanto, que o próprio TST, desde a criação do instituto da transcendência pela Medida Provisória nº 2.226/2001, não deu a devida atenção a ele, tendo-o deixado adormecido e sem regulamentação por todos esses anos.

E, agora, depois da Lei nº 13.467/2017, que veio introduzir, de fato, a transcendência no processo do trabalho, e quando, diante da brecha legislativa, poderia ter lapidado ainda melhor sua interpretação e aplicação prática, o TST fez ouvidos moucos.

---

[148] VANTUIL ABDALA, p. 362.

[149] MARTINS FILHO, Ives Gandra da Silva. *Critérios de Transcendência no Recurso de Revista- Projeto de Lei n. 3.267/00*, Revista LTr, v. 65, n. 8, P· 916.

Assim, concluímos que, depois da análise dos indicadores da transcendência, fosse o caso de se instituir um filtro de absoluta discricionariedade com o qual corte gozasse de liberdade para escolher as causas que iria julgar, como no *writ of certiorari* americano, esse critério aberto pudesse funcionar; contudo, como se evidencia que a intenção do legislador não fora essa, perdeu-se a oportunidade de aproveitar as lições existentes no direito comparado para criar um instituto de maior e melhor aplicação prática e funcionalidade.

4.2.3. DA INCONSTITUCIONALIDADE DO ART. 896-A, §5°. IRRECORRIBILIDADE DA DECISÃO QUE NÃO RECONHECE A TRANSCENDÊNCIA EM SEDE DE AIRR. MEIOS DE IMPUGNAÇÃO PRETÉRITOS E FUTUROS. COMPATIBILIDADE ENTRE O PROCESSO CIVIL E O PROCESSO DO TRABALHO APÓS A LEI 13.467/2017.

O art. 896-A, §5°, da CLT já despontou no mundo jurídico permeado por polêmicas. O seu objetivo era patente: evitar a interposição de recursos protelatórios, privilegiando a duração razoável do processo. Até aqui, não há nada de mais. É razoável a restrição ao direito subjetivo de recurso como forma de não o tornar simples obstáculo ao trânsito em julgado.

A atribuição de crescentes poderes ao Relator de órgão jurisdicional colegiado é uma tendência que nos acompanha desde o Código de 1973, de modo a evitar ou, quando menos, postergar o julgamento turmário. Tais poderes estão presentes, exemplificativamente, no art. 932, do Código de Processo Civil[150].

---

[150] Art. 932. Incumbe ao relator:

I – dirigir e ordenar o processo no tribunal, inclusive em relação à produção de prova, bem como, quando for o caso, homologar autocomposição das partes;

II – apreciar o pedido de tutela provisória nos recursos e nos processos de competência originária do tribunal;

Há, portanto, um sequestro da colegialidade, o que é especialmente grave quando se trata de ponto assaz delicado e ainda ameninado em nossa tradição jurídica.

O §4º do art. 896-A, da CLT, refere-se à decisão colegiada ("lavrado acórdão") e deixa claro que a irrecorribilidade se limita "no âmbito do tribunal", permitindo, do contrário, o uso de recurso para a Corte *ad quem* – na hipótese o Supremo Tribunal Federal, a ser acessado mediante a interposição de recurso extraordinário.

Já o § 5º, quando refere à decisão monocrática do relator, criava barreira instransponível.

III – não conhecer de recurso inadmissível, prejudicado ou que não tenha impugnado especificamente os fundamentos da decisão recorrida;

IV – negar provimento a recurso que for contrário a:

a) súmula do Supremo Tribunal Federal, do Superior Tribunal de Justiça ou do próprio tribunal;

b) acórdão proferido pelo Supremo Tribunal Federal ou pelo Superior Tribunal de Justiça em julgamento de recursos repetitivos;

c) entendimento firmado em incidente de resolução de demandas repetitivas ou de assunção de competência;

V – depois de facultada a apresentação de contrarrazões, dar provimento ao recurso se a decisão recorrida for contrária a:

a) súmula do Supremo Tribunal Federal, do Superior Tribunal de Justiça ou do próprio tribunal;

b) acórdão proferido pelo Supremo Tribunal Federal ou pelo Superior Tribunal de Justiça em julgamento de recursos repetitivos;

c) entendimento firmado em incidente de resolução de demandas repetitivas ou de assunção de competência;

VI – decidir o incidente de desconsideração da personalidade jurídica, quando este for instaurado originariamente perante o tribunal;

VII – determinar a intimação do Ministério Público, quando for o caso;

VIII – exercer outras atribuições estabelecidas no regimento interno do tribunal.

Parágrafo único. Antes de considerar inadmissível o recurso, o relator concederá o prazo de 5 (cinco) dias ao recorrente para que seja sanado vício ou complementada a documentação exigível.

Embora a colegialidade não seja um princípio constitucional, apontar a sua violação poderia ser até visto como um preciosismo.

Todavia, o Supremo Tribunal Federal vê na colegialidade uma regra a ser preservada no âmbito dos Tribunais. É o que se pode observar de seu regimento interno, devidamente explorado supra e precedentes abaixo indicados. Aliás, a preservação da colegialidade é um traço de preservação dos próprios Tribunais e das soluções turmárias.

Nesse diapasão, como a manifestação acerca da transcendência é de extrema relevância, não se prestando o instituto como mero instrumento para obstar o trânsito de recurso de revista, na decisão sobre o instituto, estará o Tribunal Superior do Trabalho, na qualidade de Corte de Precedentes, definindo quais matérias trabalhistas, por sua relevância, que merecerão exame e julgamento na esfera extraordinária. A definição desse rol de matérias reclama, sem dúvida, um posicionamento firme e unificado de todos os membros da Corte Superior.

Portanto, ainda que sem a expressa alusão constitucional, a colegialidade é um princípio a ser preservado na solução jurídica dos temas perante os Tribunais colegiados, de acordo com a melhor interpretação da Constituição no que se refere ao acesso à justiça, devido processo legal, ampla defesa.

Assim, o reconhecimento da inconstitucionalidade do parágrafo 5º do art. 896-A da CLT foi, portanto, medida acertada, pois, além da mitigação dos princípios supramencionados, suprime da competência do TST, como órgão colegiado, o exame da transcendência, além de escapar da missão institucional da Corte, que é a uniformização da jurisprudência.

Nesse sentido, muito pertinente a constatação da referida inconstitucionalidade por José Alberto Couto Maciel:

> A unificação da jurisprudência em todo o país de determinado tema poderá ser decidida por um Ministro em um colegiado de vinte e sete, sem qualquer recurso, nem mesmo constitucional porque a questão decorre de pressuposto recursal matéria que

não está afeta à repercussão geral no Supremo Tribunal Federal. Ora, com todas as vênias, inconstitucional é esse parágrafo porque em um Tribunal, que prima pelo colegiado a decisão monocrática não pode ser por lei decisão final, especialmente quando se trata de pressuposto que, na verdade, aprecia o mérito, porque a transcendência é o próprio mérito do recurso. Se os Tribunais são colegiados, de acordo com a Constituição, norma que dispõe sobre decisão monocrática sem recurso, inexistente nem mesmo no Supremo Tribunal Federal, é no meu entender, norma inconstitucional[151][152].

Desse modo, a colegialidade está indiscutivelmente vinculada à segurança jurídica. É inconcebível que a solução de tema que afete toda a sociedade – como ocorre na repercussão geral e, nesta Justiça, com a transcendência – seja dada de modo individual, pela caneta de um único Magistrado.

Diante do exposto, o TST, na ArgInc-1000845-52.2016.5.02.0461, entendeu pela inconstitucionalidade do §5º do art. 896-A da CLT. Confira-se a ementa do julgado:

> ARGUIÇÃO DE INCONSTITUCIONALIDADE. ARTIGO 896-A, § 5º, DA CLT. NORMA QUE DISCIPLINA A IRRECORRIBILIDADE DE DECISÃO UNIPESSOAL PROFERIDA PELO RELATOR EM RECURSO DE COMPETÊNCIA DO COLEGIADO. AFRONTA AOS PRINCÍPIOS DO JUIZ NATURAL (ARTIGOS 5º, LIII, E 111, II, CF/88); DO DEVIDO PROCESSO LEGAL (ARTIGO 5º, LIV E LV, CF/88) DA ISONOMIA (ARTIGO 5º, *CAPUT*, CF/88); DA COLEGIALIDADE (DE ACORDO COM O STF, INTEGRANTE

---

[151] MACIEL, José Alberto Couto. *Transcendência e os Julgamentos no Tribunal Superior do Trabalho*. São Paulo, Revista LTR 83, dezembro de 2019, ps. 1418-1419.

[152] Muito bem diagnosticou também Homero Batista Mateus da Silva, dizendo que "o art. 896-A criou uma hipótese cerebrina de recurso de revista desprovido de uniformização, a saber, recurso de revista desprovido de recurso de embargos para sua harmonização no órgão fracionário hierarquicamente superior. Trata-se de estratégia bastante arriscada, porque se assume o risco de haver, por exemplo, conceitos diferentes de valor econômico elevado, em cada uma das oito turmas recursais do TST, sem que a SDI possa se manifestar a respeito". (SILVA, Homero Batista Mateus. *Comentários à Reforma Trabalhista*. São Paulo: Revista dos Tribunais, 2017, p. 185).

DA FORMAÇÃO HISTÓRICA DA ORGANIZAÇÃO JUDICIÁRIA NACIONAL, PORTANTO, PRINCÍPIO CONSTITUCIONAL IMPLÍCITO); DAS GARANTIAS DA SEGURANÇA JURÍDICAEDA PROTEÇÃO DA CONFIANÇA (ARTIGO 5º, *CAPUT*, CF/88). ÓBICE AO EXAME DA MATÉRIA OBJETO DO APELO PELO SUPREMO TRIBUNAL FEDERAL. INCONGRUÊNCIA DOS PROCEDIMENTOS ADOTADOS PELA LEI NO JULGAMENTO DOS RECURSOS DE REVISTA E DE AGRAVOS DE INSTRUMENTO. FALTA DE RAZOABILIDADE DA INTERPRETAÇÃO LITERAL DO DISPOSITIVO (STF, ADI Nº 1.511-MC). É inconstitucional a regra inserida no artigo 896-A, § 5º, da CLT, ao prever a irrecorribilidade da decisão monocrática proferida pelo relator que rejeita a transcendência da questão jurídica versada no agravo de instrumento em recurso de revista. Tal prática viola os princípios da colegialidade, do juiz natural, do devido processo legal, da segurança jurídica, da proteção da confiança e da isonomia; impede o exame futuro da controvérsia pelo Supremo Tribunal Federal; revela a incongruência de procedimentos adotados no julgamento de recursos de revista e de agravos de instrumento, o que viola o princípio da razoabilidade; obstaculiza o exercício da competência reservada, por lei, às Turmas deste Tribunal; dificulta a fixação de precedentes por este Tribunal, considerando a ausência de parâmetros objetivos fixados para o reconhecimento da transcendência e a atribuição de elevado grau de subjetividade por cada relator – que não constitui órgão julgador, mas, sim, instância de julgamento, cuja atuação decorre de delegação do Colegiado. Arguição acolhida, para se declarar a inconstitucionalidade do dispositivo, no caso concreto[153].

Superada essa questão, vale indagar da sorte dos recursos interpostos contra a decisão monocrática em agravo de instrumento, que não reconhece transcendência no recurso de revista.

A arguição de inconstitucionalidade instrumentaliza o art. 97 da Constituição de 1988[154], que estatui a chama cláusula *full bench*. Sinteticamente, apenas o Pleno ou o Órgão

---

[153] BRASIL. Tribunal Superior do Trabalho. *ArgInc-1000845-52.2016.5.02.0461*, Tribunal Pleno, Relator Ministro Claudio Mascarenhas Brandao, DEJT 17/12/2020

[154] Art. 97. Somente pelo voto da maioria absoluta de seus membros ou dos membros do respectivo órgão especial poderão os tribunais declarar a inconstitucionalidade de lei ou ato normativo do Poder Público.

Especial de uma Corte, por maioria absoluta, podem declarar a inconstitucionalidade de lei ou ato normativo do Poder Público.

A semelhança com os processos do controle concentrado é patente, o que leva a doutrinar a admitir, por analogia, a aplicação de institutos típicos destes últimos, como a realização de audiências públicas (art. 983, §10, 1.038, II, CPC, por analogia), isto é,

> "um sistema diferenciado de publicidade do processo (art. 979, §§, CPC, por analogia) e exigir que, no acórdão do incidente, todos os argumentos contrários e favoráveis à tese discutida sejam enfrentados e listados na decisão (art. 984, §2º, 1.038, §3º, CPC, por analogia)"[155]

Diante disso, a primeira pergunta a ser feita é esta: caberia ação rescisória por parte daqueles que tiveram os seus recursos contra a decisão lastreada no artigo que se declarou inconstitucional? O Supremo Tribunal Federal, em recurso extraordinário, com repercussão geral reconhecida, entendeu o que segue:

> Ementa: CONSTITUCIONAL E PROCESSUAL CIVIL. DECLARAÇÃO DE INCONSTITUCIONALIDADE DE PRECEITO NORMATIVO PELO SUPREMO TRIBUNAL FEDERAL. EFICÁCIA NORMATIVA E EFICÁCIA EXECUTIVA DA DECISÃO: DISTINÇÕES. INEXISTÊNCIA DE EFEITOS AUTOMÁTICOS SOBRE AS SENTENÇAS JUDICIAIS ANTERIORMENTE PROFERIDAS EM SENTIDO CONTRÁRIO. INDISPENSABILIDADE DE INTERPOSIÇÃO DE RECURSO OU PROPOSITURA DE AÇÃO RESCISÓRIA PARA SUA REFORMA OU DESFAZIMENTO.
> 1. A sentença do Supremo Tribunal Federal que afirma a constitucionalidade ou a inconstitucionalidade de preceito normativo gera, no plano do ordenamento jurídico, a consequência (= eficácia normativa) de manter ou excluir a referida norma do sistema de direito.
> 2. Dessa sentença decorre também o efeito vinculante, consistente em atribuir ao julgado uma qualificada força impositiva e obrigatória em relação a supervenientes atos administrativos ou judiciais (= eficácia executiva ou instrumental), que, para viabi-

---

[155] DIDIER JR, Fredie; CUNHA, Leonardo Carneiro da. *Curso de direito processual civil*, v.3, 13. ed. reform. Salvador: Ed. JusPodivm, 2016, p.678.

lizar-se, tem como instrumento próprio, embora não único, o da reclamação prevista no art. 102, I, "l", da Carta Constitucional.
3. A eficácia executiva, por decorrer da sentença (e não da vigência da norma examinada), tem como termo inicial a data da publicação do acórdão do Supremo no Diário Oficial (art. 28 da Lei 9.868/1999). É, consequentemente, eficácia que atinge atos administrativos e decisões judiciais supervenientes a essa publicação, não os pretéritos, ainda que formados com suporte em norma posteriormente declarada inconstitucional.
4. Afirma-se, portanto, como tese de repercussão geral que **a decisão do Supremo Tribunal Federal declarando a constitucionalidade ou a inconstitucionalidade de preceito normativo não produz a automática reforma ou rescisão das sentenças anteriores que tenham adotado entendimento diferente; para que tal ocorra, será indispensável a interposição do recurso próprio ou, se for o caso, a propositura da ação rescisória própria, nos termos do art. 485, V, do CPC, observado o respectivo prazo decadencial (CPC, art. 495). Ressalva-se desse entendimento, quanto à indispensabilidade da ação rescisória, a questão relacionada à execução de efeitos futuros da sentença proferida em caso concreto sobre relações jurídicas de trato continuado.**
5. No caso, mais de dois anos se passaram entre o trânsito em julgado da sentença no caso concreto reconhecendo, incidentalmente, a constitucionalidade do artigo 9º da Medida Provisória 2.164-41 (que acrescentou o artigo 29-C na Lei 8.036/90) e a superveniente decisão do STF que, em controle concentrado, declarou a inconstitucionalidade daquele preceito normativo, a significar, portanto, que aquela sentença é insuscetível de rescisão.
6. Recurso extraordinário a que se nega provimento[156].
(grifos nossos)

Portanto, a decisão baseada no dispositivo de lei objeto da declaração permanece intacta, à espera de eventual recurso ou ação rescisória. Faz-se necessária, portanto, a provocação do Poder Judiciário pelas partes.

---

[156] BRASIL. Supremo Tribunal Federal. *RE 730462*, Relator(a): Min. TEORI ZAVASCKI, Tribunal Pleno, julgado em 28/05/2015, ACÓRDÃO ELETRÔNICO REPERCUSSÃO GERAL – MÉRITO DJe-177 DIVULG 08-09-2015 PUBLIC 09-09-2015

As hipóteses para o cabimento de ação rescisória estão no art. 966 do Código de Processo Civil[157]. Não obstante geral-

---

[157] Art. 966. A decisão de mérito, transitada em julgado, pode ser rescindida quando:

I – se verificar que foi proferida por força de prevaricação, concussão ou corrupção do juiz;

II – for proferida por juiz impedido ou por juízo absolutamente incompetente;

III – resultar de dolo ou coação da parte vencedora em detrimento da parte vencida ou, ainda, de simulação ou colusão entre as partes, a fim de fraudar a lei;

IV – ofender a coisa julgada;

V – violar manifestamente norma jurídica;

VI – for fundada em prova cuja falsidade tenha sido apurada em processo criminal ou venha a ser demonstrada na própria ação rescisória;

VII – obtiver o autor, posteriormente ao trânsito em julgado, prova nova cuja existência ignorava ou de que não pôde fazer uso, capaz, por si só, de lhe assegurar pronunciamento favorável;

VIII – for fundada em erro de fato verificável do exame dos autos.

§ 1º Há erro de fato quando a decisão rescindenda admitir fato inexistente ou quando considerar inexistente fato efetivamente ocorrido, sendo indispensável, em ambos os casos, que o fato não represente ponto controvertido sobre o qual o juiz deveria ter se pronunciado.

§ 2º Nas hipóteses previstas nos incisos do caput, será rescindível a decisão transitada em julgado que, embora não seja de mérito, impeça:

I – nova propositura da demanda; ou

II – admissibilidade do recurso correspondente.

§ 3º A ação rescisória pode ter por objeto apenas 1 (um) capítulo da decisão.

§ 4º Os atos de disposição de direitos, praticados pelas partes ou por outros participantes do processo e homologados pelo juízo, bem como os atos homologatórios praticados no curso da execução, estão sujeitos à anulação, nos termos da lei.

§ 5º Cabe ação rescisória, com fundamento no inciso V do *caput* deste artigo, contra decisão baseada em enunciado de súmula ou acórdão proferido em julgamento de casos repetitivos que não tenha considerado a existência de distinção entre a questão discutida no processo e o padrão decisório que lhe deu fundamento.

mente se dirija a decisões de mérito, esse mesmo diploma instrumental excepciona os casos em que caberá rescisória contra decisões terminativas.

No caso do art. 896-A, §5º, da CLT, surge possível a propositura de rescisória com fulcro no art. 966, §2º, II, do CPC, uma vez que a decisão denegatória impediu o exame da transcendência pelo colegiado. Não está garantido exame do mérito, e sim somente a apreciação da presença da transcendência pela turma do TST.

Para os futuros processos, será admitido o agravo interno, com fundamento no art. 1021 do CPC combinado com o art. 268 do Regimento Interno do TST. Outra questão interessante reside na aplicação da fungibilidade aos recursos interpostos contra decisões fundadas nesse artigo declarado inconstitucional.

No caso do mandado de segurança, a inconstitucionalidade deve constar como causa de pedir, e não como pedido. Isso porque, conforme previsão sumular, não cabe MS contra lei em tese (Súmula 266 do STF). Para que o mandado de segurança fosse recebido como agravo interno, haveria de conter a descrição dos fatos violadores do direito líquido e certo, atendendo à regularidade formal.

A fungibilidade entre o agravo interno e os embargos de declaração, por sua, é reconhecida pela jurisprudência (*vide*, por todos, EDcl no AREsp 1.308.701, Rel. Min. Francisco Falcão). Logo, o relator deve aplicar o referido princípio do sistema de recursos brasileiro.

Para concluir, merece reflexão o tema da compatibilidade entre o Processo Civil e Processo do Trabalho após a Lei 13.467/2017.

---

§ 6º Quando a ação rescisória fundar-se na hipótese do § 5º deste artigo, caberá ao autor, sob pena de inépcia, demonstrar, fundamentadamente, tratar-se de situação particularizada por hipótese fática distinta ou de questão jurídica não examinada, a impor outra solução jurídica.

O art. 15 do CPC e o art. 769 da CLT autorizam a aplicação subsidiária e supletiva das regras do processo cível ao trabalhista. Neves esclarece que, na aplicação subsidiária, "tem-se a integração da legislação subsidiária na legislação principal, resultando no preenchimento de vácuos e lacunas da lei principal. Já na aplicação supletiva as leis complementam uma à outra"[158].

Parece haver, cada vez mais, uma tendência de aproximação entre os dois sistemas, privilegiando igualdade no processo. A título de exemplo, cite-se o art. 791-A, §4º, da CLT, recentemente declarado inconstitucional pelo Supremo (ADI 5766). Tal dispositivo visava à implementação de uma litigância responsável, em que o reclamante viesse pedir apenas o que, de fato, poderia comprovar. Além disso, teve por escopo, também, igualar as partes, dando-lhes ônus semelhantes no caso de um mesmo fenômeno: a derrota na demanda.

Inversamente, o rol taxativamente mitigado do art. 1015 do CPC lembra a irrecorribilidade imediata das interlocutórias, regra no Direito Processual do Trabalho. Prestigia-se, nos dois casos, a duração razoável do processo.

Evidentemente, as diferenças concernentes ao direito material farão com que nem todos os dispositivos do CPC sejam aplicáveis à seara trabalhista. Lembre-se, por exemplo, dos negócios jurídicos processuais ou da distribuição diversa do ônus da prova por convenção das partes, incompatíveis com o Direito Adjetivo Trabalhista (art. 2º, II e VII, da IN 39/2016 do TST, respectivamente).

Do exposto conclui-se que tem havido aproximações entre as duas áreas, com intenção de prestigiar a isonomia processual. O Judiciário trabalhista, contudo, vem se mostrando reticente a essa convergência, ratificando-a somente nos casos em que a vulnerabilidade do empregado não fique comprometida.

---

[158] NEVES, Daniel Amorim Assumpção. *Novo Código de Processo Civil Comentado*. Salvador: Ed. JusPodivm, 2016, p.36.

4.2.4. PREJUÍZO À UNIFORMIZAÇÃO DA JURISPRUDÊNCIA TRABALHISTA

Outra grave consequência imposta pela sistemática da transcendência, tal como regulamentada, é o fato de que o TST, não raras vezes, renunciará a sua principal função de órgão uniformizador da jurisprudência trabalhista. Isso porque haverá situações em que, por exemplo, existirá divergência na interpretação da legislação entre Tribunais Regionais, mas, entendendo o TST pela ausência de Transcendência, deixará a corte de uniformizar a tese.[159]

Nesse sentido, escreveu, muito acertadamente, o professor Manoel Antônio Teixeira Filho:

> Ora, bem. Sem discutirmos, aqui, quanto à necessidade, ou não, de haver essa homogeneização, o certo é que o mencionado objetivo ficará gravemente comprometido pelo critério da 'transcendência', pois interpretações díspares acerca de um mesmo texto normativo poderão escapar à atividade uniformizadora do TST, bastando, para isso, que este considere não-transcendente a matéria versada na causa, quanto aos reflexos gerais de natureza econômica, política, social ou jurídica.[160]

O mencionado professor alerta, igualmente, sobre a carga subjetiva trazida pela transcendência. Concedem-se ao TST poderes discricionários para decidir qual recurso apreciará. Surge, de pronto, o questionamento relativo à quebra da isonomia. Por exemplo, embora duas causas coincidam na controvérsia a respeito de interpretação de lei federal, podem ter destinos distintos se um atender aos indicadores da transcendência e outro, não.

Mais gravemente, como não caberão embargos à Subseção de Dissídios Individuais, faltará uma última palavra pacificadora. Haverá um conflito de acórdãos para o qual inexiste resposta. Além disso, corre-se o risco de que a conveniência presida à aferição dos critérios do art. 896-A, o que resultará na criação de jurisprudência defensiva ainda mais exigente.

---

[159] TOLENTINO, p. 379.
[160] TEIXEIRA FILHO, p. 394.

Por conseguinte, Teixeira Filho[161] adverte para a impropriedade da atribuição de tamanho poder ao TST. Somente ao Supremo Tribunal Federal, dada a sua posição, competiria prerrogativa desse teor. Visto que a Suprema Corte profere a última palavra sobre processos dos mais variados ramos do direito, ela pode pronunciar-se sobre a relevância da questão de direito.

A objeção do Professor Teixeira Filho de que a transcendência impediria a evolução jurisprudencial, a nosso ver, merece correção. Os componentes das cortes mudarão e, com isso, as decisões sobre a transcendência. A evolução acontecerá, apenas a passos mais lentos.

O risco de conflito entre os regionais e o TST não se resolverá com o critério da transcendência. Na verdade, isso pode causar cizânia entre os órgãos da Justiça do Trabalho, pois o recurso de revista contra acórdão do TRT que não aplicou súmula ou orientação jurisprudencial tem altas chances de ser conhecido e provido. Na prática, o cabo de guerra judicial continuará.

Se, por um lado, esse risco à uniformização está presente, por outro, o acesso à justiça se consubstancia no duplo grau de jurisdição, assegurado pelos juízos monocráticos e pelos Regionais. O acesso ao tribunal superior reclama algum filtro, sob pena de perpetuarem-se os litígios sem a efetivação da tutela satisfativa.

Essa barreira, por evidente, terá de obedecer a critérios minimamente objetivos para que não se torne autoritária, mas precisará deixar alguma margem de subjetividade ao TST, até pelo fato de que será o tribunal quem examinará a questão de direito. É ele que, conforme lhe chegam os recursos, decidirá quais as matérias carentes de uniformização.

---

[161] TEIXEIRA FILHO, Manoel Antônio. Recurso de revista. Transcendência. In: DALLEGRAVE NETO, José Affonso; KAJOTA, Ernani (Coord.). *O processo do trabalho e a reforma trabalhista*: as alterações introduzidas no processo do trabalho pela Lei n. 13.467/2017. 2. ed., rev., atual. e ampl. São Paulo: LTr, 2018. p. 382-399.

A sistemática dos recursos de revista repetitivos, resultante da reforma trazida pela Lei 13.015/2014, surge como uma opção às súmulas e orientações jurisprudenciais, que se encontram inalteradas após a Lei 13.467/2017. Parece um momento propício para que se adote essa sistemática mais recente.

Entretanto, ao examinar o sítio eletrônico do Tribunal Superior do Trabalho[162], vê-se que existem apenas 18 temas afetados ao rito do art. 896-C da CLT. Em pouco mais de 7 anos de vigência, trata-se de um número baixo, que reflete a quão enraizada está a cultura dos enunciados sumulares.

A repercussão geral teve ampla aceitação pelo STF, pois que deu a esse tribunal meios para concretizar a sua função uniformizadora, inicialmente acentuada apenas no exercício do controle abstrato de constitucionalidade. Um fenômeno de abstrativização do controle difuso[163], isto é, com o empréstimo de institutos típicos do processo objetivo (modulação de efeitos e eficácia *erga omnes*, por exemplo), vem se disseminando com o propósito de garantir a segurança jurídica.

Por outro lado, no TST, não se vislumbra movimento análogo, pelo que os julgamentos dos recursos de revista seguem, mas não se lhes aplica a sistemática dos repetitivos. Sem dúvida, muitos dispositivos da reforma trabalhista foram de encontro às súmulas e orientações jurisprudenciais, que ainda vigem, pois o seu rito de alteração está sendo questionado perante o STF.

O uso dos repetitivos se mostraria uma solução a esse empasse, que apenas complica a vida dos operadores do direito. Não se sabe afinal o que prevalecerá. A insegurança reina no campo do Direito Material e Processual do Trabalho.

---

[162] Disponível em: https://www.tst.jus.br/presidencia-nurer/recursos-repetitivos. Acesso em 01 jan 2022.

[163] Ver: DANTAS, Ivo; MAIOR, Silvério Souto; SILVESTRE, Janine Araújo Lobo. *Abstrativização do contole difuso brasileiro e suas múltiplas facetas*. Constituição, Economia e Desenvolvimento: Revista da Academia Brasileira de Direito Constitucional. Curitiba, 2018, vol. 10, n. 18, jan-jun. p. 54-71.

Ainda, outros casos se resolveriam mais rapidamente, sem que houvesse a necessidade dos embargos à Seção Especializada em Dissídios Individuais (SDI). O resultado seria a economia processual, com o desejável efeito vinculativo sobre os órgãos de primeira e segunda instâncias.

Convém que os ministros da Corte Superior Laboral adotem, com maior frequência, o rito do art. 896-C e seguintes da CLT, o que forneceria condições para fixar teses mais amplas, o que não se pode fazer no âmbito sumular. Ocorre que o descompasso entre repetitivos e transcendência leva a crer que a transição não será algo de curto prazo.

Possivelmente, o TST seguirá passos similares aos do Superior Tribunal de Justiça, aderindo à sistemática repetitiva, mas editando súmulas quando julgar necessário. Já representaria um grande avanço, certamente. Sobretudo num momento em que novas reformas trabalhistas despontam no horizonte[164][165].

Mudanças legislativas e jurisprudenciais fazem parte do ambiente democrático. O tempo, decerto, contribuirá para que a questão da transcendência no recurso de revista ganhe contornos mais nítidos. Caminhamos para um sistema de precedentes e a Justiça do Trabalho não está excluída dele. Com as devidas adaptações, o TST assumirá o seu papel harmonizador.

Contudo, vale ressaltar que esse protagonismo não vai surgir do dia para a noite. Resultará, sim, das naturais evoluções

---

[164] LIMA, Vandson; TRUFFI, Renan. *Senado impõe derrota ao governo e rejeita MP 1045, que alteraria legislação trabalhista.* Disponível em: https://valorinveste.globo.com/mercados/brasil-e-politica/noticia/2021/09/01/senado-impe-derrota-ao-governo-e-rejeita-mp-1045-que-alteraria-legislao-trabalhista.ghtml. Acesso em 03 jan 2022.

[165] CASTANHO, William; SEABRA, Clara. *Nova proposta de reforma trabalhista libera domingos e proíbe motorista de app na CLT.* Disponível em: https://www1.folha.uol.com.br/mercado/2021/12/nova-proposta-de-reforma-trabalhista-libera-domingos-e-proibe-motorista-de-app-na-clt.shtml. Acesso em 03 jan 2022.

de pensamento dos magistrados, bem como das substituições decorrentes da aposentadoria dos ministros. Conforme muda a composição da corte, decerto ela incorporará as diretrizes do sistema de precedentes, aplicando os institutos que assegurem a isonomia.

A transcendência nasceu como uma resposta ao volume de recursos que subiam para o TST. A sua evolução caminha no sentido de privilegiar a coerência dos julgados e a exegese da legislação trabalhista. Os filtros representam um novo formato da uniformização, mais voltada para a fixação de teses jurídicas que para as peculiaridades do caso concreto, às quais a primeira e a segunda instância estão mais atentas pelo comando da disciplina processual.

É preciso, todavia, tomar cuidado para que a jurisprudência defensiva não assuma papel preponderante, em descompasso com os princípios norteadores do Código de Processo Civil vigente. A redação atual do art. 896-A, §1º, da CLT, introduzindo a expressão *entre outros*, confere poderes demasiados ao julgador, além de delegar-lhe requisito de alçada legal havendo até espaço para questionar-lhe a constitucionalidade.

Observa-se, por conseguinte, o longo caminho que se há de percorrer até o uso da transcendência de modo que não dê à Corte Superior Trabalhista pretexto para não decidir nem incentive uma litigância meramente protelatória das partes. Trata-se de objetivos a serem atingidos tanto pelos filtros quanto pelas sanções processuais. Pela combinação dessas medidas é que o sistema brasileiro da prática se aproximará daquele desejado pela teoria.

5. CONCLUSÃO

Neste trabalho, teceram-se algumas considerações sobre o instituto da transcendência, especialmente no que concerne aos seus aspectos polêmicos. O Código de Processo Civil de 2015 trouxe-o para o centro do debate, uma vez que instituiu um microssistema de demandas repetitivas.

Para que esse modelo tenha êxito, urge que os magistrados compreendam o acesso à justiça não como direito a infinitos recursos, e sim como exigência do duplo grau de jurisdição. Ainda, convém repensar a independência funcional, de modo que ela não se confunda com a íntima convicção do julgador. Se este decidir pela não aplicação do precedente, poderá fazê-lo alegando superação ou distinção.

A transcendência, portanto, chegou para ficar e tende a seguir os passos da repercussão geral. Com isso em mente, a presente dissertação abordou a evolução de critérios semelhantes no direito comparado, além de sucinta notícia histórica sobre o recurso extraordinário no Brasil.

A concretização desse microssistema parece saudável, desde que ocorra um amadurecimento no debate sobre a transcendência. Parlamentares e magistrados podem fazer a sua parte: estes, pelas decisões que proferem; aqueles, pelas leis que aprovam.

O desejo da vigente lei instrumental civil foi de que a Corte exercesse papel de liderança na seleção das causas mais relevantes para, a partir delas, fixar teses jurídicas. Nessa ordem de ideias, deve-se procurar o aperfeiçoamento da transcendência, fazendo com que ela constitua exemplo de efetividade da isonomia, da segurança jurídica e da economia processual.

Afigura-se importante, para tanto, equacionar o conflito entre o Poder Legislativo e a Justiça do Trabalho, delimitando o papel uniformizador do TST, sem esquecer a sua tarefa de concretizar os direitos sociais enunciados pela Constituição de 1988. Esse é talvez o maior desafio para a comunidade jurídica trabalhista no presente.

Pelo cotejo com a repercussão geral, ainda não houve uma adesão significativa ao rito dos recursos de revista repetitivos. Certamente, remanesce a preferências pelas súmulas e orientações jurisprudenciais, que fazem parte do dia a dia dos operadores do direito que atuam em litígios laborais. A tendência é que o TST siga um caminho análogo ao do STJ, optando pelos repetitivos e, quando for conveniente, editando-se enunciados de súmula sobre determinadas matérias.

Não é o melhor dos caminhos, haja vista as controvérsias a que dão ensejo as interpretações de súmula – sobretudo quando comparadas com os recursos de origem –, mas já implicaria um grande passo rumo ao sistema de precedentes delineado pelo CPC de 2015.

O que causa certa preocupação é que as alterações legislativas vão, sob alguns aspectos, de encontro ao papel que a lei instrumental geral conferiu aos tribunais. O próprio art. 8º, §2º, da CLT destoa do protagonismo cada vez mais acentuado do Poder Judiciário no âmbito das relações privadas, dentro do que se convencionou chamar de constitucionalização do direito.

Apenas o tempo fará com que o STF e o TST assentem os limites interpretativos das alterações da Lei 13.467/2017. À medida que se forma uma opinião jurisprudencial mais consolidada, certamente a adesão ao rito do art. 896-C da CLT tenderá a crescer. Por outro lado, também se faz necessário acautelar-se contra o surgimento de jurisprudência defensiva, em ofensa do princípio da instrumentalidade das formas.

As sementes foram lançadas e, até que germinem, necessitarão dos necessários cuidados, função da doutrina e da advocacia, primeiras julgadoras e intérpretes dos institutos. Se estas argumentarem, com inteligência, a adoção desse procedimento, os magistrados haverão de enxergar os seus benefícios.

Ganhará a segurança jurídica, a isonomia e o acesso à justiça. No último caso, pelo fato de não haver demandas frívolas ou inúteis, o que proporciona um julgamento cuidadoso e de duração razoável por parte dos tribunais. Assim, a transcendência terá, finalmente, cumprido a sua meta.

REFERÊNCIAS

ABBOUD, Georges. KROSCHINKSY, Matthäeus. *Notas sobre a nova arguição de relevância em recurso especial*. Disponível em: https://www.conjur.com.br/2022-jul-20/abboud-kroschinsky-arguicao-relevancia-resp#_ftnref. Acesso em: 1 nov 2022.

ABDALA, Vantuil. O pressuposto da transcendência: algumas preocupações. In: ARRUDA, Kátia Magalhães; ARANTES, Delaíde Alves Miranda (Org.). *A centralidade do trabalho e os rumos da legislação trabalhista*: homenagem ao ministro João Oreste Dalazen. São Paulo: LTr, 2018, p. 360-365.

ALVARENGA, Darlan. *Serviços e comércio lideram demissões no ano; veja cargos que mais perderam e ganharam vagas*. Disponível em: https://g1.globo.com/economia/concursos-e-emprego/noticia/2020/10/07/servicos-e-comercio-lideram-demissoes-no-ano-veja-cargos-que-mais-perderam-e-ganharam-vagas.ghtml. Acesso em 01 nov 2021.

ALVIM. Teresa Arruda. "Jurisprudência Brasileira – Precedentes Estrangeiros: Uma combinação Possível?" in *Estudos de Direito Processual Civil em homenagem ao Professor José Rogério Cruz e Tucci*, Salvador: JusPodivm, 2018.

ARRUDA, Teresa Arruda; DANTAS, Bruno. *Recurso especial, recurso extraordinário e a nova função dos Tribunais Superiores*. 5. ed. São Paulo: Thompson Reuters Brasil, 2018.

ASSOCIAÇÃO DE MAGISTRADOS BRASILEIROS. *Quem somos e a magistratura que queremos*. Disponível em: < https://www.amb.com.br/wp-content/uploads/2019/02/Pesquisa_completa.pdf>. Acesso em: 7 fev. 2020.

BARBOSA MOREIRA, José Carlos. Súmula, Jurisprudência e Precedente: uma escalada e seus riscos. In: *Temas de Direito Processual*, Nona Série, 2007, p. 299-313.

———. *Comentários ao Código de Processo Civil*. Vol. V, 17. ed. Rio de Janeiro: Editora Forense, 2013.

BARROSO, Luís Roberto. *Contramajoritário, Representativo e Iluminista:* Os Papeis das Cortes Constitucionais nas Democracias Contemporâneas. Disponível em: <http://www.luisrobertobarroso.com.br/wp-content/uploads/2015/12/O--papel-das-cortes-constitucionais.pdf>. Acesso em: 10 dez. 2019.

———; REGO, Frederico Montedonio. *Balanço de dez anos da repercussão geral*: o que não funcionou e como aprimorar o sistema, 2018. Disponível em: < https://www.jota.info/paywall?redirect_to=//www.jota.info/especiais/balanco-de-dez-anos-da-repercussao-geral-07022018> . Acesso em: 20 nov. 2019.

BAUMAN, Zygmunt. *Modernidade Líquida*. Rio de Janeiro: Jorge Zahar, 2001.

BERMAN, Harold. *Law and revolution II*. Harvard University Press, 2009.

BARBA FILHO, Roberto Dala. Admissibilidade, requisitos e transcendência do recurso de revista. In:———. *Reforma trabalhista & direito processual do trabalho*. Curitiba: Juruá, 2018. p. 243-255.

BRASIL. *COMISSÃO ESPECIAL DESTINADA A PROFERIR PARECER AO PROJETO DE LEI Nº 6.787, DE 2016, DO PODER EXECUTIVO, QUE "ALTERA O DECRETO-LEI Nº 5.452, DE 1º DE MAIO DE 1943 – CONSOLIDAÇÃO DAS LEIS DO TRABALHO, E A LEI Nº 6.019, DE 3 DE JANEIRO DE 1974, PARA DISPOR SOBRE ELEIÇÕES DE REPRESENTANTES DOS TRABALHADORES NO LOCAL DE TRABALHO E SOBRE TRABALHO TEMPORÁRIO, E DÁ OUTRAS PROVIDÊNCIAS"*. Disponível em: https://www.camara.leg.br/proposicoesWeb/prop_mostrarintegra?codteor=1544961&filename=PRL+1+PL678716+%3D%3E+PL+6787/2016. Acesso em: 18 ago. 2021.

BRASIL. *Código de Processo Civil*. Brasília, DF: Senado, 2015.

BRASIL. Senado Federal. *Autógrafo – PEC 10/2017*. Disponível em: https://legis.senado.leg.br/sdleg-getter/documento?dm=9035640&ts=1636406821238&disposition=inline. Acesso em 09 nov 2021.

BRASIL. Superior Tribunal de Justiça. *Critério de relevância do recurso especial só será exigido após vigência da futura lei regulamentadora*. Disponível em: https://www.stj.jus.br/sites/portalp/Paginas/Comunicacao/Noticias/2022/19102022-Criterio-de-relevancia-do-recurso--especial-so-sera-exigido-apos-vigencia-da-futura-lei-regulamentadora.aspx. Acesso em: 1 nov 2022.

BRASIL. Supremo Tribunal Federal. *Arguição de Descumprimento de Preceito Fundamental 323-Medida Cautelar*, Relator: Ministro Gilmar Mendes, Tribunal Pleno, julgado em 14 out. 2016, DJE nº 222, 18 out. 2016.

BRASIL. Supremo Tribunal Federal. *Arguição de Descumprimento Preceito Federal 323*, Relator(a): GILMAR MENDES, Tribunal Pleno, julgado em 30/05/2022, PROCESSO ELETRÔNICO DJe-184 DIVULG 14-09-2022 PUBLIC 15-09-2022

BRASIL. Supremo Tribunal Federal. Questão de Ordem no Recurso Extraordinário 556664-RS, Relator Ministro Gilmar Mendes, *Pesquisa de Jurisprudência*, Acórdãos, 9 maio 2008. Disponível em: <http://redir.stf.jus.br/paginadorpub/paginador.jsp?docTP=AC&docID=526129>. Acesso em: 23 nov. 2019.

BRASIL. Supremo Tribunal Federal, *Questão de Ordem no Agravo de Instrumento 664.567*, Rel. Min. Sepúlveda Pertence, Pleno, DJe 6.9.2007.

BRASIL. Supremo Tribunal Federal. Recurso Extraordinário 655265-DF, Redator Ministro Edson Fachin, *Pesquisa de Jurisprudência*, Acórdãos, 5 agosto 2016. Disponível em: <http://redir.stf.jus.br/paginadorpub/paginador.jsp?docTP=TP&docID=11465268> . Acesso em: 5 jul. 2019.

BRASIL. Tribunal Superior do Trabalho. *AIRR-24352-85.2019.5.24.0091*, Rel. Min. Ives Gandra da Silva Martins Filho, decisão monocrática, DEJT 03/12/2020.

BRASIL. Tribunal Superior do Trabalho. *ArgInc-1000845-52.2016.5.02.0461*, Tribunal Pleno, Relator Ministro Claudio Mascarenhas Brandao, DEJT 17/12/2020.

CADETE, Antonio Henrique de Amorim. *Writ of certiorari, arguição de relevância e repercussão geral. Semelhanças e dessemelhanças*. Revista Jus Navigandi, ISSN 1518-4862, Teresina, ano 16, n. 2975, 24 ago. 2011. Disponível em: <https://jus.com.br/artigos/19832>. Acesso em: 3 nov. 2019.

CARNEIRO, Cláudio Gomes. *A aplicação prática da transcendência no âmbito do Tribunal Superior do Trabalho e a ofensa ao princípio da colegialidade*. Revista LTr: legislação do trabalho, São Paulo, v. 82, n. 4, p. 415-421, abr. 2018.

CARVALHO, Maximiliano Pereira de. Transcendência, duração razoável do processo e simplificação recursal: uma proposta de regulamentação. In: MENDES, Gilmar Ferreira; MARTINS FILHO, Ives Gandra da Silva (Coord.). *2º caderno de pesquisas trabalhistas*. Porto Alegre: Paixão, 2017, p. 33-42.

CASTANHO, William; SEABRA, Clara. *Nova proposta de reforma trabalhista libera domingos e proíbe motorista de app na CLT*. Disponível em: https://www1.folha.uol.com.br/mercado/2021/12/nova-proposta-de-reforma-trabalhista-libera-domingos-e-proibe-motorista-de-app-na-clt.shtml. Acesso em 03 jan 2022.

CAVALCANTE, Jourberto de Quadros Pessoa; JORGE NETO, Francisco Ferreira. *A relevância, transcendência ou repercussão geral no sistema jurídico processual*. MANNRICH, Nelson (Coord.). Reforma trabalhista: reflexões e críticas. São Paulo: LTr, 2018, p. 41-45.

CÔRTES, Oscar Mendes Paixão. *A consolidação da objetivação no novo Código de Processo Civil*. Revista de Processo n. 265, Editora Revista dos Tribunais, março de 2017.

CÔRTES, Oscar Mendes Paixão. *A evolução da repercussão geral*. In: NERY JR, Nelson; et al (coord.). São Paulo: Revista dos Tribunais, 2018.

CÔRTES, Oscar Mendes Paixão. *A relevância da questão de direito federal no recurso especial será um filtro individual?* Disponível em: https://www.migalhas.com.br/arquivos/2022/7/EA7C8AB8F585E0_RELEVANCIADAQUESTAODEDIREITOFE.pdf. Acesso em: 1 nov 2022.

————. *Recursos para os tribunais superiores: recurso extraordinário, recurso especial, embargos de divergência e agravo*. 4. ed. Brasília: Gazeta Jurídica, 2017.

CÔRTES, Osmar Mendes Paixão. *Transcendência x repercussão geral*. Revista LTr: legislação do trabalho, São Paulo, v. 81, n. 9, p. 1075-1080, set. 2017.

CRUZ E TUCCI, José Rogério. *Precedente judicial como fonte do direito*. São Paulo: Revista dos Tribunais, 2004.

————. *O regime do precedente judicial no novo CPC*. Revista do Advogado, São Paulo, Associação dos Advogados de São Paulo, v. 35, n. 126, 2015, p. 143-151.

CUNHA, Leonardo Carneiro da. *Reflexões sobre a relevância das questões de direito federal em recurso especial*. Disponível em: https://www.conjur.com.br/2022-jul-23/carneiro-cunha-relevancia-questoes-direito-federal-resp. Acesso em: 1 nov 2022.

CUNHA, Leonardo Carneiro da. *Relevância das questões de direito federal em recurso especial e direito intertemporal*. Disponível em: https://www.conjur.com.br/2022-jul-16/cunha-direito-federal-recurso-especial-direito-intertemporal. Acesso em: 1 nov 2022.

DANTAS, Bruno. *Repercussão Geral: perspectivas histórica, dogmática e de direito comparado – questões processuais*. São Paulo: Editora Revista dos Tribunais, 2018.

DANTAS, Ivo; MAIOR, Silvério Souto; SILVESTRE, Janine Araújo Lobo. *Abstrativização do contole difuso brasileiro e suas múltiplas facetas*. Constituição, Economia e Desenvolvimento: Revista da Academia Brasileira de Direito Constitucional. Curitiba, 2018, vol. 10, n. 18, jan-jun. p. 54-71.

DERZI, Misabel Abreu Machado; BUSTAMANTE, Thomas da Rosa. O efeito vinculante e princípio da motivação das decisões judiciais: em que sentido pode haver precedentes vinculantes no direito brasileiro? In: *Novas Tendências do Processo Civil*. Salvador: Ed. JusPodivm, 2013.

DIDIER JR, Fredie; BRAGA, Paula Sarno; OLIVEIRA, Rafael Alexandria de. *Curso de direito processual civil*, v. 2, 13. ed., Salvador: JusPodivm, 2018.

DIDIER JR, Fredie; CUNHA, Leonardo Carneiro da. *Curso de direito processual civil*, v.3, 13. ed. reform. Salvador: Ed. JusPodivm, 2016.

FERNÁNDEZ SEGADO, Francisco. *La obsolescencia de la bipolaridad tradicional (modelo americano – modelo europeo-kelseniano) de los sistemas de Justicia Constitucional*. Direito Público. Porto Alegre, ano 1, n. 2, p. 55-82, out./ dez. 2003.

FREIRE E SILVA, Bruno. Recurso de Revista. In: *Curso de Direito Processual do Trabalho*. MARTINEZ, Luciano; BOUCINHAS FILHO, Jorge Cavalcanti; FREIRE E SILVA, Bruno (coord). São Paulo: LTr,2019.

FREITAS, Cláudio; DINIZ, Amanda. *CLT comentada*. 2ª ed. rev., atual. e ampl. Salvador: Editora JusPodium, 2021, p.1064.

GRESSMAN, Eugene. Supreme Court Practice. In: *Judicial Power and the Constitution*. Nova York: Macmillan, 1990.

GRINOVER, Ada Pellegrini. "Algumas considerações sobre a constitucionalidade do precedente vinculante previsto no Código de Processo Civil". Revista Brasileira da Advocacia. Vol. 2. Ano 1. São Paulo: RT, 2016.

JAYME, Erik, "Identité culturelle et intégration: le droit international Privé Postmoderne (Volume 251)", in: *Collected Courses of the Hague Academy of International Law*. The Hague: Martinus Nijhoff publishers, 1996.

LARENZ, Karl. *Metodologia da Ciência do Direito*. 3.ed. Tradução José Lamego. Lisboa: Fundação C. Gulbenkian, 1997.

LIMA, Vandson; TRUFFI, Renan. *Senado impõe derrota ao governo e rejeita MP 1045, que alteraria legislação trabalhista*. Disponível em: https://valorinveste.globo.com/mercados/brasil-e-politica/noticia/2021/09/01/senado-impe-derrota-ao-governo-e-rejeita-mp-1045-que-alteraria-legislao-trabalhista.ghtml. Acesso em 03 jan 2022.

MACCORMICK, Neil. *Retórica e o Estado de Direito*. Tradução Conrado Hübner Mendes. Rio de Janeiro: Elsevier, 2008.

———. *Can stare decisis be abolished?* Judicial Review, 1966.

MACIEL, José Alberto Couto. *Transcendência e os Julgamentos no Tribunal Superior do Trabalho*. Disponível em: <http://www.andt.org.br/f/Transcend%C3%AAncia%20e%20os%20Julgamentos%20no%20TST.07.11.2019-Maciel.pdf>. Acesso em: 29 fev. 2020.

MALLET, Estêvão. *Do recurso de revista no processo do trabalho*. São Paulo: LTr, 1995.

MARMELSTEIN, George. *Efeito Backlash da Jurisdição Constitucional*: reações políticas ao ativismo judicial. Texto-base da palestra proferida durante o Terceiro Seminário Ítalo-Brasileiro, proferida em outubro de 2016, em Bolonha-

-Itália. Disponível em: https://www.cjf.jus.br/caju/Efeito.Backlash.Jurisdicao.Constitucional_1.pdf. Acesso em 02 nov 2021.

MARTINS FILHO, Ives Gandra da Silva. *Direito e Processo do Trabalho*. 26. ed. São Paulo: Saraiva, 2018.

———. *O critério de transcendência do recurso de revista e sua aplicação efetiva pelo TST*. Revista LTr: legislação do trabalho, São Paulo, v. 82, n. 6, p. 647-654, jun. 2018.

———. Aspectos do recurso de revista diante da reforma trabalhista. In: DALLEGRAVE NETO, José Affonso; KAJOTA, Ernani (Coord.). *Reforma trabalhista*: ponto a ponto. São Paulo: LTr, 2018. p. 370-374.

———. *O critério de transcendência no recurso de revista*. Disponível em: < https://juslaboris.tst.jus.br/bitstream/handle/20.500.12178/129929/2018_martins_ives_criterio_transcendencia.pdf?sequence=1&isAllowed=n>. Acesso em: 10 ago. 2019.

———. *A realidade por trás dos números*. Disponível em: https://www.conjur.com.br/2021-jul-08/ives-gandra-martins-filho-realidade-numeros. Acesso em 01 nov 2021.

MEDINA, José Miguel Garcia. *Um novo recurso especial, um novo Superior Tribunal de Justiça*. Disponível em: https://www.conjur.com.br/2022-ago-10/processo-novoum-recurso-especial-superior-tribunal-justica?s=08#_ftnref. Acesso em: 1 nov 2022.

MENDES, Conrado Hübner. *Constitutional Courts and Deliberative Democracy*. Oxford: Oxford University Press, 2013.

MESQUITA, Maíra de Carvalho Pereira. *É preciso demonstrar a relevância no recurso especial agora?* Disponível em: https://www.conjur.com.br/2022-ago-25/maira-mesquita-preciso-demonstrar-relevancia-resp-agora#_ftnref3Espagora?. Acesso em: 1 nov 2022.

MIESSA, Élisson. *Manual dos recursos trabalhistas* – teoria e prática. 2. ed. rev., atual. e ampl. Salvador: Juspodivm, 2017

MITIDIERO, Daniel; MARINONI, Luiz Guilherme. *Repercussão Geral no Recurso Extraordinário*. São Paulo: RT, 2007.

MITIDIERO, Daniel. *Cortes Superiores e Cortes Supremas: do controle à interpretação, da jurisprudência ao precedente*. 2. ed. São Paulo: RT, 2015.

MITIDIERO, Daniel. *Relevância no recurso especial*. 1. ed. - São Paulo: Thomson Reuters Brasil, 2022.

MOREIRA, José Carlos Barbosa. *Comentários ao Código de Processo Civil*, volume V, 17. ed., rev. e atual. Rio de Janeiro, Forense, 2013.

MOUTA, José Henrique. *Relevância da questão federal no recurso especial*: observações acerca da EC 125. Disponível em: https://www.migalhas.

com.br/depeso/370139/relevancia-da-questao-federal-no-recurso-especial. Acesso em: 1 nov 2022.

NEVES, Daniel Amorim Assumpção. *Novo Código de Processo Civil Comentado*. Salvador: Ed. JusPodivm, 2016.

PASSOS, José Joaquim Calmon de. *Da arguição de relevância no recurso extraordinário*. Revista forense – edição comemorativa dos 100 anos. Rio de Janeiro, 2005, t. 1, p. 593-594.

PEDUZZI, Maria Cristina Irigoyen. *Transcendência no recurso de revista*. Palestra proferida no Tribunal Superior do Trabalho. Brasília, 14 de outubro de 2019.

PORTO, José Roberto Sotero de Mello. *Limitação do Poder Judiciário na edição de súmulas e enunciados jurisprudenciais*. No prelo.

PLUCKNETT, Theodore. *A concise history of the common law*, 1956. Disponível em: <http://oll-resources.s3.amazonaws.com/titles/2458/Plucknett_1578_EBk_v7.0.pdf>. Acesso em: 20 set. 2019.

PUGLIESE, William. *Precedentes e a Civil Law Brasileira*. São Paulo: Editora Revista dos Tribunais, 2016.

RAMOS, Alexandre Luiz. *Transcendência no recurso de revista*. Palestra proferida no Tribunal Superior do Trabalho. Brasília, 26 de mar. de 2019. Disponível em: < https://juslaboris.tst.jus.br/handle/20.500.12178/158294>. Acesso em: 23 nov. 2019.

RIBEIRO, Breno Lucas de Carvalho; DUARTE, Daniela Miranda; ARAÚJO, Marcella Pereira de. A (Des)Necessidade da Transcendência como Pressuposto de Admissibilidade do Recurso de Revista. In: TAVARES, Fernando Horta; ASSIS, Zamira (Org.). *Novas Fronteiras do Estudo do Direito Privado*. Curitiba: Editora CRV, 2019. p. 81-98.

SALOMÃO, Rodrigo Cunha Mello. *A relevância da questão de direito como filtro de seleção do recurso especial*. Dissertação (Dissertação em direito) – UERJ. Rio de Janeiro, 2019.

SALOMÃO, Rodrigo da Cunha Mello; BRAGANÇA, Fernanda; BRAGA, Renata. *A lógica da seleção de recursos e a Emenda Constitucional 125 de 2022*. Disponível em: https://www.conjur.com.br/2022-ago-29/opiniao-logica-selecao-recursos-ec-125. Acesso em 1 nov 2022.

SAMPAIO, Patrícia Maria Santana. *TRANSCENDÊNCIA COMO MECANISMO DE FILTRO RECURSAL: O REPENSAR DO PAPEL DO TRIBUNAL SUPERIOR DO TRABALHO*. Orientador: Osmar Mendes Paixão Côrtes. 2020. 72 p. Dissertação de mestrado (Mestre em Direito) - Instituo Brasiliense de Direito Público, Brasília, 2020. Disponível em: https://repositorio.idp.edu.br/bitstream/123456789/2948/1/Disserta%C3%A7%C3%A3o_%20PA-

TR%C3%8DCIA%20MARIA%20SANTANA%20SAMPAIO_MESTRADO%20EM%20DIREITO_2020.pdf. Acesso em: 18 ago. 2021.

SANTIAGO, Alfonso. *La Corte Suprema y el Control Político*, Buenos Aires: Editorial Ábaco, 1999, p. 148-156.

SARLET, Ingo Wolfgang; MARINONI, Luiz Guilherme; MITIDIERO, Daniel. *Curso de direito constitucional* – 8. ed. – São Paulo: Saraiva Educação, 2019

SILVA, Antônio Alvares da. *A Transcendência no Recurso de Revista*. São Paulo: LTr, 2002.

SILVA, Homero Mateus da. *Comentários à reforma trabalhista*. 2. ed. rev. e atual. São Paulo: Editora Revista dos Tribunais, 2017.

SIMÃO, Edna; PUPO, Fábio. *Reforma trabalhista vai gerar 6 milhões de empregos, diz Meirelles*. Disponível em: https://valor.globo.com/politica/noticia/2017/10/30/reforma-trabalhista-vai-gerar-6-milhoes-de-empregos-diz-meirelles.ghtml. Brasília, 2017. Acesso em 01 nov 2021.

SOUZA, José Pedro de Camargo Rodrigues de. *Apontamentos sobre a transcendência do recurso de revista*. Dissertação (Dissertação em direito) – USP. São Paulo, 2011.

SÜSSEKIND, Arnaldo; MARANHÃO, Délio et al. *Instituições de direito do trabalho*. 21. ed. São Paulo: LTr, 2003.

TARUFFO, Michele. Le Funzioni delle Corti supreme: cenni generali. In: *Annuario di Diritto Comparato e di Studi Legislativi*. Nápoles: Edizione Scientifiche Italiane, 2011. p.11-36.

———. *Processo civil comparado*: ensaios. São Paulo: Marcial Pons, 2013.

TEIXEIRA FILHO, Manoel Antônio. Recurso de revista. Transcendência. In: DALLEGRAVE NETO, José Affonso; KAJOTA, Ernani (Coord.). *O processo do trabalho e a reforma trabalhista*: as alterações introduzidas no processo do trabalho pela Lei n. 13.467/2017. 2. ed., rev., atual. e ampl. São Paulo: LTr, 2018. p. 382-399.

TEUBNER, Gunther. *Legal Irritants:* Good Faith in British Law or How Unifying Law Ends Up in New Differences. Modern Law Review, Vol. 61, pp. 11-32, 1998.

THEODORO JÚNIOR, Humberto. *O recurso especial e a relevância da questão jurídica discutida (EC 125/22)*. Disponível em: https://www.migalhas.com.br/depeso/375153/o-recurso-especial-e-a-relevancia-da-questao-juridica-discutida. Acesso em: 1 nov 2022.

TOLENTINO, Ronaldo Ferreira. A transcendência no recurso de revista. In: ———. *Reforma trabalhista:* ponto a ponto. São Paulo: LTr, 2018. p. 375-380.

- editoraletramento
- editoraletramento.com.br
- editoraletramento
- company/grupoeditorialletramento
- grupoletramento
- contato@editoraletramento.com.br
- editoraletramento

- editoracasadodireito.com.br
- casadodireitoed
- casadodireito
- casadodireito@editoraletramento.com.br